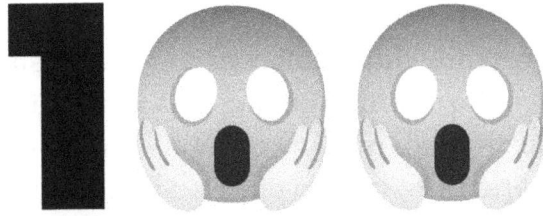

100 HISTORIAS ASOMBROSAS

Relatos fascinantes de lo extraño, lo sorprendente y lo increíble

FELIX GRAYSON

MINDSPARK
PUBLISHING

CONTENTS

ANTES DE SUMERGIRNOS...

¿Sabías que este es solo uno de los muchos libros asombrosos que te esperan por descubrir?

¿Qué pasaría si te dijera que existe un mundo lleno de datos increíbles, inimaginables y totalmente extraños sobre deportes, ciencia, historia, misterios y mucho más—cada uno repleto de historias que desafían todo lo que creías saber?

¿ALGUNA VEZ TE HAS PREGUNTADO CÓMO SERÍA...

- Presenciar momentos olímpicos récord que desafían los límites humanos?

- Explorar teorías conspirativas reales que suenan demasiado locas para ser verdad?

- Descubrir misterios sin resolver que aún desconciertan a los expertos?

- Aprender sobre multimillonarios, crisis financieras y secretos del dinero?

- Saber cómo los robots, la IA y los viajes espaciales están dando forma al futuro?

- Vivir los deportes más extremos, batallas legendarias y sucesos impactantes?

Esto es solo el comienzo. La serie **100 Historias Asombrosas** lo abarca todo.

¿QUIERES SABER QUÉ VIENE DESPUÉS?

Visita **FelixGrayson.com** y explora la creciente colección de libros y audiolibros que te entretendrán, asombrarán y harán que quieras más.

La curiosidad no termina aquí—esto es solo el principio. ¿Qué será lo próximo que te deje asombrado?

INTRODUCCIÓN

Bienvenido a **100 Historias Asombrosas**, una colección diseñada para despertar tu curiosidad y dejarte diciendo: "¿Es en serio?". Desde extraños sucesos históricos hasta misterios sin resolver, este libro está repleto de relatos tan fascinantes como increíbles.

¿Alguna vez te has preguntado qué causó que una ola de melaza devastara una ciudad? ¿O por qué un pueblo entero podría desaparecer sin dejar rastro? ¿Qué tal aquella vez en que se libró una guerra—no contra humanos, sino contra emús? Estas son solo algunas de las historias que te esperan en estas páginas. Cada relato ha sido cuidadosamente elegido para sorprenderte, entretenerte y, tal vez, dejar sin palabras a tus amigos amantes de las trivias.

Ya sea que busques una escapada rápida, un tema curioso para iniciar una conversación, o un tesoro de datos fascinantes, este libro tiene algo para ti. Léelo de principio a fin o abre una página al azar y deja que la curiosidad te guíe. No hay una forma correcta o incorrecta de disfrutar este recorrido por lo extraño, lo sorprendente y lo increíble.

Así que toma tu bebida favorita, busca un lugar acogedor y prepárate para explorar algunas de las historias más asombrosas que el mundo tiene para ofrecer. ¿Quién sabe? Al final, quizá hasta tengas unas cuantas anécdotas sorprendentes propias para compartir. ¡Vamos a sumergirnos!

EL MISTERIO DE LOS GUARDIANES DEL FARO

En diciembre de 1900, un escalofriante enigma sacudió las remotas islas Flannan, en Escocia. Tres guardianes del faro —Thomas Marshall, James Ducat y Donald McArthur— desaparecieron sin dejar rastro del faro de Eilean Mòr, dejando tras de sí un misterio que ha desconcertado a investigadores y narradores durante más de un siglo.

El faro era crucial para guiar a los barcos a través de las traicioneras aguas del Atlántico Norte. Cuando la tripulación de relevo llegó el 26 de diciembre, se encontró con un silencio inquietante. El faro seguía en funcionamiento, pero no había rastro de los guardianes. En el interior, la mesa estaba servida para una comida que nunca se comió, una silla estaba volcada y el reloj había dejado de marcar el tiempo. Lo más

perturbador era que el cuaderno de bitácora insinuaba una creciente inquietud entre los hombres.

Marshall, el asistente del faro, había escrito sobre violentas tormentas que azotaban la isla y señaló que Ducat estaba inusualmente callado, mientras que McArthur —un marinero endurecido— supuestamente lloraba. Sin embargo, no se registraron tormentas en la zona durante esas fechas. La última anotación, fechada el 15 de diciembre, decía de manera críptica: *"La tormenta terminó, el mar está en calma. Dios está por encima de todo."*

La investigación no reveló signos de juego sucio. Las teorías iban desde una ola gigante que arrastró a los hombres hasta abducciones alienígenas o incluso violencia causada por la locura. Sin embargo, nunca surgieron pruebas concluyentes.

Hasta el día de hoy, la desaparición de los guardianes del faro de las islas Flannan sigue siendo uno de los misterios más perdurables del mar, dejándonos con la incógnita de qué les ocurrió realmente a los hombres que se desvanecieron en el vacío.

LA GRAN GUERRA DEL EMÚ: UNA BATALLA EN AUSTRALIA

En 1932, Australia libró una guerra contra un enemigo poco probable: los emús. Estas grandes aves no voladoras, nativas del país, estaban causando estragos en las tierras de cultivo de Australia Occidental. Tras un aumento de población, miles de emús migraron a la región, pisoteando los cultivos y frustrando a los agricultores que ya habían sufrido la Gran Depresión.

El gobierno respondió desplegando soldados armados con ametralladoras para combatir a los invasores alados. Dirigida por el mayor G.P.W. Meredith, la campaña parecía destinada al éxito. Sin embargo, los emús resultaron sorprendentemente ágiles y resistentes. Esquivaban las balas con una velocidad asombrosa, y sus movimientos dispersos los convertían en blancos difíciles. A pesar de varios intentos, el ejército solo

consiguió matar a unos 1,000 emús, apenas una fracción de la población.

Los titulares de los periódicos se burlaban de la campaña, llamándola "La Gran Guerra del Emú" y declarando a los emús como los vencedores. Frustrado, el gobierno finalmente retiró a los militares, dejando a los agricultores valerse por sí mismos. La fallida operación puso en evidencia la adaptabilidad de los emús y las limitaciones de la ingeniosidad humana frente a la naturaleza.

Hoy en día, la Gran Guerra del Emú se recuerda como un capítulo tan insólito como humorístico en la historia de Australia: un relato de hombre contra ave, donde las aves salieron triunfantes.

PTOLOMEO Y EL MAPA QUE DIO FORMA AL MUNDO

En el siglo II d.C., el astrónomo y geógrafo griego Claudio Ptolomeo creó un mapa que influiría en la comprensión del mundo durante más de mil años. El mapa de Ptolomeo no era perfecto —omitía continentes enteros, como América y Australia—, pero introdujo conceptos revolucionarios como la latitud, la longitud y la idea de una Tierra esférica.

Mientras que civilizaciones anteriores como los babilonios y los egipcios usaban mapas rudimentarios para la navegación local, el mapa de Ptolomeo ofrecía una perspectiva más amplia y global. Combinaba observaciones científicas con relatos de comerciantes y exploradores, dando como resultado un ambicioso intento de trazar el mundo conocido. El mapa incluso insinuaba la existencia de *terra incognita* —"tier-

ras desconocidas"— que alimentarían la imaginación de futuros exploradores.

Las ideas de Ptolomeo fueron redescubiertas durante el Renacimiento, una época de renovado interés por la ciencia y la exploración. Su trabajo se convirtió en la base de avances en la navegación, inspirando a figuras como Cristóbal Colón. Sin embargo, Ptolomeo también cometió errores que persistieron durante siglos: su mapa subestimaba enormemente el tamaño de la Tierra, lo que llevó a exploradores como Colón a creer que Asia estaba mucho más cerca de lo que realmente estaba.

A pesar de sus fallos, el mapa de Ptolomeo fue un logro revolucionario. Sirvió de puente entre el conocimiento antiguo y la ciencia moderna, recordándonos el eterno deseo de la humanidad de comprender y explorar el mundo.

LA PLAGA DANZANTE DE 1518

En el sofocante verano de 1518, los ciudadanos de Estrasburgo, Francia, se vieron atrapados por un fenómeno tan extraño como mortal: personas que bailaban sin control por las calles. Lo que comenzó con los movimientos frenéticos de una mujer pronto se propagó a decenas, y luego a cientos de habitantes del pueblo, todos incapaces de detener su incesante danza.

Los testigos describieron escenas de agotamiento y desesperación mientras los bailarines se desplomaban de fatiga o incluso morían de ataques cardíacos y derrames cerebrales. Las autoridades locales, desesperadas por una solución, consultaron a médicos, quienes atribuyeron el brote a la "sangre caliente", una teoría médica de la época. ¿Su remedio poco convencional? Más baile. Construyeron escenarios, contrataron músicos y alentaron a los afectados a "bailar hasta

sanar".

Pero en lugar de resolver la crisis, estos esfuerzos solo avivaron la locura. El baile continuó durante semanas, dejando tras de sí un rastro de desconcierto y tragedia.

Los historiadores y científicos modernos han especulado sobre la causa de la llamada "plaga danzante". Algunos sugieren histeria colectiva, provocada por el estrés y la superstición, mientras que otros señalan al envenenamiento por cornezuelo del centeno —una condición causada por consumir centeno enmohecido que puede inducir alucinaciones y convulsiones—. Sin embargo, ninguna teoría explica del todo por qué el fenómeno se extendió tanto ni por qué afectó a tantas personas.

La plaga danzante de 1518 sigue siendo uno de los misterios médicos más peculiares de la historia. ¿Fue una dolencia física, una reacción psicológica o algo completamente distinto? Tal vez nunca lo sepamos, pero la historia perdura como un escalofriante recordatorio de las misteriosas profundidades de la mente humana… y de las extrañas formas en que la historia baila a su propio ritmo.

EL MISTERIO DE TUNGUSKA: LA GRAN EXPLOSIÓN DE SIBERIA

En la mañana del 30 de junio de 1908, una remota región de Siberia, cerca del río Tunguska, fue sacudida por una explosión tan masiva que arrasó 80 millones de árboles en un área de 2,000 kilómetros cuadrados. La detonación fue equivalente a 10–15 megatones de TNT, unas 1,000 veces más potente que la bomba atómica lanzada sobre Hiroshima. Sin embargo, nunca se encontró un cráter de impacto, y el evento sigue siendo uno de los mayores misterios científicos del siglo XX.

Los testigos presenciales describieron una bola de fuego que surcaba el cielo, seguida de un estruendo ensordecedor y una onda expansiva que derribó a personas a cientos de kilómetros de distancia. Las ventanas se rompieron y el suelo tembló hasta en Europa. Curiosamente, a pesar de la devastación, no se confirmaron víctimas humanas debido a lo poco poblada que estaba la zona.

Los científicos descartaron rápidamente las primeras teorías que hablaban de erupciones volcánicas o explosivos de fabricación humana. La explicación más aceptada es que un meteorito o un cometa explotó en la atmósfera terrestre, liberando su energía en el aire en lo que se conoce como una *explosión aérea*. La ausencia de un cráter respalda esta teoría, aunque nunca se han recuperado fragmentos definitivos del objeto.

Con los años, también surgieron teorías más extravagantes, que iban desde la explosión de una nave alienígena hasta el supuesto rayo mortal experimental de Nikola Tesla. Aunque estas ideas añaden atractivo al evento de Tunguska, permanecen firmemente en el terreno de la especulación.

Hasta el día de hoy, la explosión de Tunguska sigue siendo un recordatorio aleccionador de los peligros potenciales que acechan en el espacio… y un misterio fascinante que continúa cautivando a científicos y narradores por igual.

EL BARCO FANTASMA MARY CELESTE

El 5 de diciembre de 1872, el bergantín británico *Dei Gratia* se topó con una escena inquietante en el océano Atlántico: el *Mary Celeste*, un barco mercante estadounidense, a la deriva sin rumbo. Sus velas estaban desplegadas, su cargamento de alcohol intacto y no había señales de angustia. Sin embargo, su tripulación de 10 personas —incluidos el capitán, su esposa y su hija de dos años— había desaparecido sin dejar rastro.

El cuaderno de bitácora no revelaba indicios de problemas, con la última entrada fechada el 25 de noviembre de 1872. La nave no mostraba signos de piratería ni de violencia, y las pertenencias personales seguían en su lugar. La única pista era un bote salvavidas desaparecido, lo que sugería que la tripulación había abandonado el barco… pero ¿por qué?

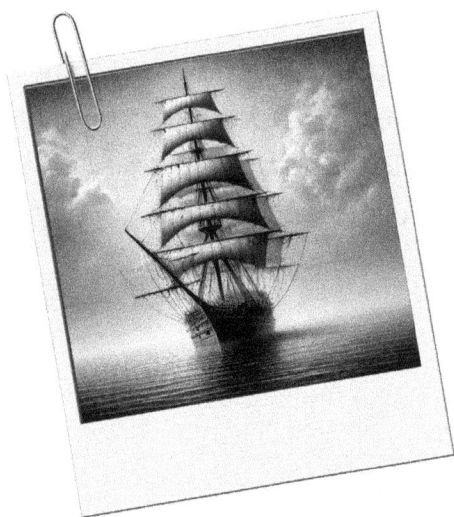

Las teorías son muchas. Algunos sugieren una explosión a bordo causada por vapores de alcohol, que habría llevado a la tripulación a entrar en pánico y evacuar. Otros proponen que una tormenta repentina o un torbellino marino los asustó hasta hacerlos abandonar la nave. Ideas más extravagantes hablan de monstruos marinos, abducciones alienígenas o incluso motín. Sin embargo, ninguna de estas hipótesis explica por qué marineros experimentados abandonarían un barco en condiciones de navegar.

El misterio se profundizó cuando empezaron a circular rumores de maldiciones y actividad paranormal, lo que le valió al *Mary Celeste* su reputación de barco fantasma. Relatos ficticios, incluido un relato adornado de Arthur Conan Doyle, solo añadieron fuerza a la leyenda.

A pesar de innumerables investigaciones, el destino de la tripulación del *Mary Celeste* sigue siendo desconocido. Más de 150 años después, el silencioso viaje del barco a través del Atlántico continúa fascinando y desconcertando, un relato inquietante de los vastos e implacables misterios del mar.

LA ÚLTIMA BATALLA DE BARBANEGRA

El temido pirata Barbanegra, nacido Edward Teach, dominó los mares durante la Edad de Oro de la Piratería, a principios del siglo XVIII. Con su aspecto aterrador —incluida una espesa barba negra y mechas encendidas en su sombrero que creaban un aura de humo— se convirtió en una de las figuras más temidas de la historia marítima. Pero ni siquiera el pirata más infame pudo escapar de la justicia para siempre.

En noviembre de 1718, Barbanegra encontró su final en una dramática batalla frente a la costa de Carolina del Norte. Tras aterrorizar a las colonias americanas y bloquear puertos, había despertado la ira del gobernador de Virginia, Alexander Spotswood, quien envió fuerzas navales británicas para capturarlo o matarlo. Al mando del teniente Robert Maynard, dos

barcos, el *Ranger* y el *Jane*, fueron enviados a enfrentarse al pirata y su tripulación.

El barco de Barbanegra, el *Queen Anne's Revenge*, había encallado a principios de ese mismo año, obligándolo a utilizar una nave más pequeña, la *Adventure*. Maynard lo alcanzó cerca de la isla de Ocracoke. A pesar de estar en inferioridad numérica, Barbanegra no cayó sin pelear. Él y sus hombres lucharon ferozmente contra los británicos, y la leyenda cuenta que recibió cinco disparos y más de veinte puñaladas antes de sucumbir.

Tras la batalla, Maynard exhibió la cabeza decapitada de Barbanegra en la proa de su barco como advertencia para otros piratas. Ese macabro trofeo marcó el fin de uno de los bandidos más infames de la historia.

La muerte de Barbanegra señaló el declive de la era de los piratas, pero su leyenda sigue viva, inmortalizada en relatos de tesoros enterrados, apariciones fantasmales y su descomunal figura. Hasta el día de hoy, el nombre de Barbanegra evoca imágenes de hazañas temerarias y de la indómita libertad de los mares.

EL HOMBRE QUE VENDIÓ LA TORRE EIFFEL... DOS VECES

Víctor Lustig, un nombre sinónimo de estafas audaces, llevó a cabo uno de los fraudes más descarados de la historia —no una, sino dos veces— al "vender" la Torre Eiffel. Nacido en 1890 en Austria-Hungría, Lustig era un maestro del engaño, hablaba varios idiomas y sabía cómo explotar la codicia de los demás.

En 1925, Lustig leyó un artículo de periódico sobre los altos costos de mantenimiento de la Torre Eiffel, lo que inspiró su infame plan. Haciéndose pasar por funcionario del gobierno, invitó a varios comerciantes de chatarra a un lujoso hotel parisino bajo el pretexto de que la ciudad planeaba desmantelar la torre. Presentó documentos falsificados y subrayó la necesidad de mantener el secreto para evitar la indignación pública. Su actuación fue tan convincente que un comerciante,

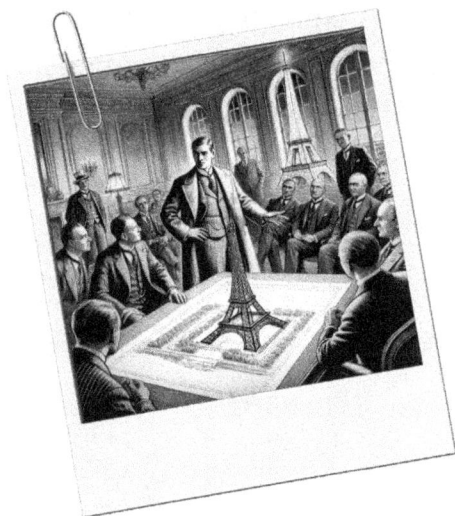

André Poisson, entregó una gran suma de dinero para asegurarse el "trato". Lustig huyó a Austria con el dinero antes de que se descubriera la estafa.

Increíblemente, Lustig regresó a París unos meses después y repitió la estafa con otro grupo de comerciantes. Esta vez, sin embargo, su posible víctima sospechó y contactó a la policía, lo que obligó a Lustig a huir antes de cerrar la transacción.

La audacia de Lustig no terminó ahí. Más tarde se trasladó a Estados Unidos, donde estafó millones con bonos falsos e incluso engañó al infame gánster Al Capone con 5,000 dólares... solo para devolverle el dinero y ganarse así su confianza para futuros fraudes.

Victor Lustig fue finalmente arrestado en 1935 y pasó el resto de su vida en Alcatraz. Aun así, su "venta" de la Torre Eiffel sigue siendo una de las mayores estafas de todos los tiempos, un testimonio del poder de la confianza y el ingenio por encima del sentido común.

LA GRAN INUNDACIÓN DE MELAZA DE 1919

E n una fría tarde de enero de 1919, el North End de Boston se transformó en una escena de caos y destrucción cuando una enorme ola de melaza arrasó las calles. Un gigantesco tanque de almacenamiento, propiedad de la Purity Distilling Company, se había roto, liberando más de 7.5 millones de litros de espeso jarabe marrón a velocidades de hasta 55 kilómetros por hora.

La ola, que alcanzó una altura de 7.5 metros en su punto máximo, destruyó edificios, volcó vehículos y arrastró todo tipo de escombros en su camino. Trágicamente, 21 personas perdieron la vida y más de 150 resultaron heridas. Los caballos, incapaces de escapar de la pegajosa inundación, quedaron atrapados y murieron, mientras que el olor a melaza permaneció en la ciudad durante meses.

El tanque había

mostrado signos de debilidad mucho antes del desastre: los trabajadores reportaban filtraciones y ruidos extraños. Sin embargo, la empresa ignoró estas advertencias, pintando el tanque de color marrón para ocultar las fugas y desestimando las quejas de los residentes.

Las secuelas de la inundación derivaron en una prolongada batalla legal, cuando las víctimas y sus familias demandaron a la compañía. La investigación reveló que el tanque había sido construido apresuradamente con materiales de baja calidad, y Purity Distilling fue considerada responsable. El caso sentó un precedente en materia de responsabilidad corporativa, dando lugar a regulaciones más estrictas para las estructuras industriales.

La gran inundación de melaza sigue siendo un recordatorio tan insólito como aleccionador de las consecuencias de la negligencia. Hasta hoy, los habitantes de Boston la recuerdan como el "Molassacre de Boston", un nombre con humor oscuro para una de las tragedias más inusuales de la ciudad.

LA MALDICIÓN DEL DIAMANTE HOPE

El diamante Hope, una deslumbrante gema azul de 45.52 quilates, es una de las joyas más famosas del mundo, pero también está rodeado de historias de infortunios y tragedias. A lo largo de los siglos, sus propietarios sufrieron muertes misteriosas, ruinas financieras y deshonras públicas, lo que llevó a muchos a creer que estaba maldito.

La historia comienza en el siglo XVII, cuando un comerciante francés, Jean-Baptiste Tavernier, adquirió el diamante en la India. Según la leyenda, la gema fue robada de una estatua sagrada de una diosa hindú, invocando una maldición sobre quien la poseyera. Tavernier murió más tarde en la pobreza, y se dice que su cuerpo fue devorado por lobos, un final macabro que alimentó aún más el mito de la maldición.

El diamante terminó en manos del rey Luis XIV de Francia, quien lo mandó cortar y lo rebautizó como el "Azul de Francia". Pasó a formar parte del tesoro real, pero su presencia no evitó la desgracia. Luis XVI y María Antonieta, quienes lucieron el diamante, fueron ejecutados durante la Revolución Francesa. La gema desapareció en medio del caos, para reaparecer años después en Londres, recortada en la forma que conocemos hoy.

En el siglo XX, la piedra pasó por las manos de varios acaudalados propietarios, cada uno con su propio infortunio. La socialité Evelyn Walsh McLean, que compró el diamante en 1911, sufrió una serie de tragedias personales, incluida la pérdida de su hijo y de su hija, además del colapso financiero de su familia.

Hoy, el diamante Hope se encuentra a salvo en el Instituto Smithsonian, donde millones de visitantes admiran su belleza. Ya sea que la maldición sea real o simplemente una cadena de desafortunadas coincidencias, la leyenda asegura que la historia del diamante sea tan cautivadora como la gema misma.

LA LEYENDA DE LOS NIÑOS VERDES DE WOOLPIT

En la Inglaterra del siglo XII, surgió un relato peculiar en el pequeño pueblo de Woolpit, en Suffolk, que aún desconcierta a historiadores y folcloristas. Dos niños —un niño y una niña— fueron encontrados cerca de una trampa para lobos, vestidos con ropas extrañas, hablando un idioma desconocido y, lo más curioso, con la piel de color verde.

Los aldeanos acogieron a los niños, pero al principio se negaban a comer cualquier alimento excepto habas crudas. Con el tiempo, su dieta se amplió y su tono verdoso fue desapareciendo poco a poco. A medida que aprendieron inglés, compartieron una historia que solo profundizó el misterio. Afirmaban provenir de un lugar llamado *Tierra de San Martín*, una región de crepúsculo perpetuo donde todos tenían la piel

verde. Dijeron que estaban cuidando el ganado de su familia cuando escucharon un sonido extraño y, de repente, se encontraron en Woolpit.

Lamentablemente, el niño enfermó y murió poco después de su hallazgo, pero la niña prosperó, llegando a integrarse en la comunidad e incluso a casarse. Nunca dio más explicaciones sobre sus orígenes, dejando a los aldeanos —y más tarde a los historiadores— con sus conjeturas.

Algunos investigadores sugieren que los niños pudieron haber sido huérfanos flamencos desplazados por la guerra, y que su extraña apariencia se debía quizá a la desnutrición. Otros creen que la historia tiene raíces en el folclore medieval, simbolizando lo sobrenatural o una transformación espiritual. Y, por supuesto, están quienes lo ven como evidencia de seres extraterrestres o interdimensionales.

Sea cual fuere la verdad, la leyenda de los niños verdes de Woolpit perdura como uno de los relatos más enigmáticos y cautivadores de Inglaterra, dejándonos con la eterna pregunta: ¿eran simplemente niños perdidos… o visitantes de otro mundo?

EL MISTERIO DEL POZO DEL DINERO DE OAK ISLAND

Durante más de 200 años, los cazadores de tesoros han estado cautivados por el enigmático *Money Pit* en Oak Island, una pequeña isla frente a la costa de Nueva Escocia, Canadá. La leyenda comenzó en 1795, cuando un joven llamado Daniel McGinnis descubrió una misteriosa depresión en el suelo. Convencido de que se trataba de un sitio de tesoro enterrado, él y sus amigos comenzaron a excavar, encontrando capas de tablones de madera cada tres metros, una clara señal de que el pozo había sido construido intencionalmente.

A medida que la noticia se difundió, cazadores de tesoros profesionales se unieron a la búsqueda. Con el paso de las décadas, los exploradores desenterraron pistas tentadoras, incluidas inscripciones en piedra, artefactos extraños y evidencia de trampas diseñadas para inundar el pozo. Se dice que una piedra inscrita proclamaba: *"A cuarenta pies de profundidad, dos millones de libras están enterradas."* Sin embargo, a pesar de innumerables esfuerzos, nunca se ha recuperado un tesoro de manera definitiva.

Las teorías sobre lo que yace en el fondo del pozo van desde tesoros piratas, como el botín del Capitán Kidd, hasta reliquias religiosas perdidas como el Arca de la Alianza o manuscritos de Shakespeare. Algunos creen que el pozo fue construido por los Caballeros Templarios para proteger sus secretos, mientras que los escépticos sostienen que no es más que un sumidero natural.

La búsqueda ha sido peligrosa. Al menos seis personas han muerto persiguiendo el tesoro, lo que alimenta una superstición local que asegura que el pozo solo revelará sus secretos después de que se hayan perdido siete vidas.

Hoy en día, Oak Island sigue siendo un lugar de peregrinación para cazadores de tesoros y visitantes curiosos. Ya sea que el *Money Pit* sea un verdadero cofre oculto o un elaborado engaño, su atractivo perdurable radica en el misterio: un enigma enterrado en lo más profundo de la historia.

EL PASO DYATLOV: UN ESCALOFRIANTE MISTERIO RUSO

En enero de 1959, nueve excursionistas experimentados emprendieron una travesía por los montes Urales, en la Rusia soviética. Liderados por Ígor Dyatlov, el grupo estaba bien preparado para las duras condiciones. Pero en la noche del 1 de febrero, algo salió terriblemente mal. Días después, los rescatistas encontraron su campamento en desorden: la tienda estaba rasgada desde adentro, y los cuerpos de los excursionistas aparecieron esparcidos por el nevado paisaje en circunstancias extrañas.

Algunos fueron hallados descalzos y apenas vestidos, como si hubieran huido presa del pánico. Otros presentaban lesiones horribles: uno tenía el cráneo fracturado, y dos sufrían fracturas torácicas tan graves que se compararon con las de un accidente automovilístico. Sin embargo, no había heridas externas. Más inquietante aún, el cuerpo de una de las víctimas mostraba rastros de radiación y la piel con un tono inusualmente bronceado.

Las teorías sobre lo ocurrido se han desatado. Algunos sugieren que una avalancha obligó a los excursionistas a cortar la tienda para escapar, aunque en el lugar no había señales de ello. Otros señalan al *infrasound*, un fenómeno raro que puede inducir pánico y desorientación. Las hipótesis más sensacionalistas hablan de experimentos militares secretos, encuentros con un Yeti o incluso abducciones extraterrestres.

En 2019, las autoridades rusas reabrieron el caso y atribuyeron las muertes a una "avalanchade losa", un colapso repentino de nieve. Sin embargo, esta explicación no convenció a los escépticos, pues no aclara la radiación ni las lesiones tan peculiares.

El incidente del paso Dyatlov sigue siendo un enigma sin resolver que captura la imaginación en todo el mundo. Es un recordatorio escalofriante del poder de la naturaleza… y de los misterios que aún guarda.

EL HOMBRE QUE VIVIÓ SIN LATIDO

En 2011, Craig Lewis, un hombre de 55 años de Texas, se convirtió en la primera persona de la historia en vivir sin pulso. Diagnosticado con amiloidosis, una rara condición en la que proteínas anormales se acumulan en los órganos, el corazón de Lewis estaba fallando rápidamente. Los tratamientos tradicionales, incluido un trasplante, no eran una opción. Ante la inminente muerte, sus médicos propusieron una solución radical: reemplazar su corazón por un dispositivo capaz de hacer circular la sangre sin generar un latido.

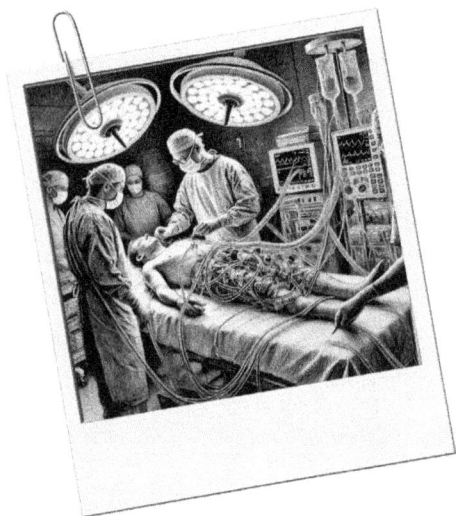

Los doctores Billy Cohn y Bud Frazier, del Texas Heart Institute, diseñaron el innovador dispositivo, que utilizaba tecnología de flujo continuo para bombear la sangre por el cuerpo. A diferencia de los corazones artificiales tradicionales, este aparato no imitaba el ritmo de un corazón que late, sino que mantenía un flujo constante.

En una cirugía de altísimo riesgo, el corazón de Lewis fue retirado y reemplazado por el dispositivo. Al finalizar la operación, no tenía pulso. Y sin embargo, asombrosamente, estaba vivo, consciente y capaz de interactuar con su familia.

El procedimiento despertó asombro en todo el mundo y planteó preguntas filosóficas: ¿puede alguien considerarse vivo sin un latido, el símbolo mismo de la vida? En el caso de Lewis, la respuesta fue un rotundo sí.

Aunque falleció cinco semanas después debido a complicaciones de su enfermedad subyacente, su historia marcó un hito en la ciencia médica. El éxito del dispositivo abrió nuevas posibilidades para tratar la insuficiencia cardíaca y redefinió lo que significa vivir.

El legado de Craig Lewis perdura como un testimonio de la ingeniosidad humana, el coraje y el poder de la innovación médica para desafiar nuestra comprensión misma de la vida.

EL MONTE TAMBORA: LA ERUPCIÓN QUE SACUDIÓ LA HISTORIA

En abril de 1815, el monte Tambora, un volcán en la isla indonesia de Sumbawa, entró en erupción con tal ferocidad que se convirtió en la mayor erupción volcánica registrada en la historia. La explosión fue tan enorme que se escuchó a más de 1,900 kilómetros de distancia, y la columna de ceniza alcanzó la asombrosa altura de 45 kilómetros en el cielo. La erupción expulsó unas 150 kilómetros cúbicos de material, sepultando aldeas enteras y causando la muerte de decenas de miles de personas.

La devastación inmediata fue catastrófica, pero los efectos a largo plazo resultaron aún más trascendentes. Las partículas de ceniza y dióxido de azufre arrojadas a la atmósfera bloquearon la luz solar y alteraron los patrones climáticos globales. El año

1816 pasó a conocerse como "el año sin verano". Las temperaturas cayeron en picada, las cosechas fracasaron y el hambre se extendió por Europa, Asia y Norteamérica. Se estima que más de 100,000 muertes adicionales en todo el mundo fueron consecuencia de la escasez de alimentos y los brotes de enfermedades.

El extraño clima inspiró hitos culturales y científicos. En Suiza, Mary Shelley y sus compañeros, atrapados en interiores por el frío y la lluvia interminables, escribieron historias de terror. La contribución de Shelley fue *Frankenstein*, una novela nacida de la atmósfera lúgubre que dejó la erupción del Tambora. Al mismo tiempo, los cielos oscurecidos impulsaron avances en el estudio de la meteorología y la actividad volcánica.

La erupción del monte Tambora es un recordatorio contundente del inmenso poder de la naturaleza para moldear la historia humana. Su impacto trascendió la explosión misma, afectando la vida, el arte y la ciencia de maneras que aún resuenan hoy.

EL VIDRIO IRROMPIBLE DE LAS LÁGRIMAS DEL PRÍNCIPE RUPERTO

En el siglo XVII, una invención de vidrio aparentemente mágica cautivó al mundo científico: las lágrimas del príncipe Ruperto. Estos objetos en forma de lágrima, creados al dejar caer vidrio fundido en agua fría, presentaban una paradoja increíble: eran prácticamente irrompibles en su extremo bulboso, pero podían estallar en mil pedazos con la más mínima presión en la cola.

Nombradas así por el príncipe Ruperto del Rin, quien las introdujo en Inglaterra, estas lágrimas se convirtieron en objeto de fascinación y experimentación. Sus singulares propiedades desconcertaron a los científicos durante siglos. La cabeza bulbosa podía resistir golpes de martillo, mientras que un simple rasguño en la cola hacía que toda la estructura se desinte-

grara al instante en un fino polvo.

El secreto radica en el proceso de enfriamiento rápido. Cuando el vidrio fundido se sumerge en agua, la superficie se enfría y solidifica casi de inmediato, mientras que el interior se contrae más lentamente al enfriarse. Esto genera una enorme tensión compresiva en el exterior y una tensión de tracción en el interior. El equilibrio de estas fuerzas hace que la cabeza sea increíblemente resistente, pero deja la cola críticamente vulnerable.

Las lágrimas del príncipe Ruperto se convirtieron en una herramienta temprana para estudiar la resistencia de materiales y la distribución de tensiones. Su naturaleza explosiva también las transformó en un truco favorito en fiestas entre la realeza y los científicos, que deleitaban a la audiencia con su dramática destrucción.

Hoy en día, estas lágrimas siguen siendo un clásico en las demostraciones de física, mostrando la interacción entre la ciencia de los materiales y la curiosidad. Las lágrimas del príncipe Ruperto nos recuerdan que incluso los experimentos más simples pueden revelar complejidades asombrosas en el mundo que nos rodea.

EL HOTEL STANLEY: LA PRESENCIA QUE NUNCA SE FUE

E scondido en las montañas de Estes Park, Colorado, el hotel Stanley es un refugio pintoresco con vistas impresionantes y un encanto histórico. Pero bajo su elegante fachada se esconde una reputación que lo ha convertido en uno de los lugares más embrujados de Estados Unidos.

El hotel fue construido en 1909 por el inventor Freelan Oscar Stanley, quien buscaba curar su tuberculosis en el aire puro de la montaña. Aunque Stanley se recuperó, su hotel ganó notoriedad no por su lujo, sino por sus residentes espectrales. Durante décadas, huéspedes y empleados han informado de sucesos extraños: pasos fantasmales, risas desincorporadas y objetos que se mueven solos.

Una de las áreas más activas es la habitación 217, donde la ama de llaves Elizabeth Wilson resultó herida en una explosión de gas en 1911. Sobrevivió y, según cuentan, permaneció fiel a su puesto… incluso después de la muerte. Los huéspedes aseguran haber visto su fantasma ordenando la habitación o deshaciendo sus maletas.

El legado embrujado del hotel Stanley alcanzó nuevas alturas cuando el escritor Stephen King se hospedó allí en 1974. Durante su estadía, experimentó sueños vívidos y una abrumadora sensación de inquietud, lo que inspiró su icónica novela de terror *The Shining*. Aunque el hotel no fue utilizado en la adaptación cinematográfica, sigue estrechamente vinculado a la historia y ha abrazado su espeluznante reputación, ofreciendo recorridos de fantasmas e investigaciones paranormales.

Ya seas escéptico o creyente, el hotel Stanley continúa cautivando a los visitantes con su misterioso atractivo. Es un lugar donde la historia y lo sobrenatural se entrelazan, invitándote a registrarte… aunque tal vez no a marcharte.

EL MILAGRO DEL BOSQUE DANZANTE

En lo profundo de la región rusa de Kaliningrado se encuentra una enigmática maravilla natural conocida como el Bosque Danzante. Este peculiar paraje, parte del Parque Nacional del Istmo de Curlandia, es famoso por sus pinos de formas extrañas. En lugar de crecer rectos y altos, los árboles se retuercen, se enroscan y se curvan en bucles, semejando una danza surrealista congelada en el tiempo.

Plantados en la década de 1960 como parte de un proyecto de reforestación, las extrañas formaciones de los árboles han desconcertado a los científicos y dado pie a leyendas locales. Algunos creen que el bosque está encantado y que las torsiones son producto de energías místicas o fuerzas sobrenaturales. Otros lo ven como un lugar espiritual,

donde los visitantes pueden recargar su energía o pedir un deseo al caminar a través de los bucles.

Las explicaciones científicas, sin embargo, apuntan a causas más terrenales. Una teoría sugiere que los fuertes vientos y el suelo arenoso e inestable influyeron en los patrones de crecimiento. Otra propone que cierto tipo de oruga dañó a los jóvenes brotes, obligándolos a crecer en direcciones inusuales. Aun así, ninguna explicación ha sido confirmada, dejando al Bosque Danzante envuelto en misterio.

El sitio se ha convertido en un destino popular para turistas y fotógrafos, que se maravillan ante su belleza de otro mundo. Caminar entre los troncos retorcidos despierta fácilmente una sensación de asombro y curiosidad sobre las fuerzas —naturales o no— que dieron forma a este paisaje cautivador.

Ya sea producto de la naturaleza, del azar o de la leyenda, el Bosque Danzante permanece como un testimonio de los extraños y perdurables misterios del mundo, invitándonos a explorar sus secretos en cada sendero sinuoso.

EL MISTERIO DE LAS PIEDRAS QUE SE MUEVEN

E n el corazón del Valle de la Muerte, en California, se encuentra Racetrack Playa, un desolado lecho de lago seco rodeado de montañas escarpadas. Allí ocurre uno de los fenómenos más peculiares de la naturaleza: rocas que pesan hasta cientos de kilos parecen desplazarse por la superficie plana, dejando tras de sí largos y sinuosos surcos. Durante décadas, estas "piedras navegantes" desconcertaron a científicos y visitantes por igual.

Los rastros son inconfundibles, a menudo extendiéndose decenas de metros en patrones aparentemente aleatorios. Lo más desconcertante era que nadie había presenciado jamás las piedras en movimiento, lo que dio pie a teorías disparatadas. Algunos hablaban de fuerzas magnéticas o vibraciones subterráneas. Otros atribuían el fenómeno a la inter-

vención extraterrestre o a causas sobrenaturales.

En 2014, los investigadores finalmente resolvieron el misterio. Usando rastreadores GPS y cámaras de lapso de tiempo, descubrieron que una combinación de elementos naturales era la responsable. Durante las noches de invierno, una fina capa de agua se acumula en el lecho del lago y se congela en láminas de hielo. Al salir el sol, el hielo comienza a resquebrajarse y derretirse, formando paneles flotantes que son empujados por suaves vientos. Estos paneles empujan lentamente las piedras sobre la superficie resbaladiza, dejando huellas en el lodo blando.

Aunque la explicación pueda parecer mundana, el espectáculo sigue siendo extraordinario. Los viajes lentos y silenciosos de las piedras nos recuerdan la capacidad de la naturaleza para sorprendernos e intrigarnos con su ingenio.

Incluso con el misterio resuelto, Racetrack Playa continúa atrayendo a visitantes curiosos, ansiosos por ver las enigmáticas rocas y sus elegantes senderos. Es un testimonio de la belleza de lo inexplicable... y de la alegría de descubrir sus secretos.

LA COLONIA DE ROANOKE: EL MISTERIO DE LA CIUDAD PERDIDA

En 1587, un grupo de colonos ingleses, liderados por el gobernador John White, llegó a la isla de Roanoke, frente a la costa de lo que hoy es Carolina del Norte, para establecer una nueva colonia. El asentamiento, conocido como Roanoke, estaba destinado a ser el primer enclave permanente de Inglaterra en el Nuevo Mundo. Pero cuando White regresó de un viaje de suministros a Inglaterra en 1590, encontró la colonia abandonada: sus 115 habitantes habían desaparecido sin dejar rastro.

La única pista era la palabra *"CROATOAN"* tallada en un poste de madera y las letras *"CRO"* grabadas en un árbol cercano. Las casas de los colonos habían sido desmontadas, no destruidas, lo que sugería una partida organizada en lugar de un ataque violento. White interpretó las inscripciones como una señal de que los colonos se habían trasladado a la isla Croatoan (actual isla de Hatteras), pero el mal tiempo y la falta de recursos le impidieron investigar más allá.

El misterio de la "colonia perdida" ha persistido durante siglos, dando lugar a numerosas teorías. Algunos sugieren que los colonos se integraron en tribus nativas, mientras que otros creen que sucumbieron a enfermedades, hambruna o ataques de tribus hostiles. Teorías más especulativas proponen que fueron víctimas de incursiones españolas o incluso de fuerzas sobrenaturales.

Excavaciones arqueológicas en los últimos años han descubierto artefactos en la isla de Hatteras y en lugares del continente que podrían estar relacionados con los colonos, pero no se ha encontrado evidencia concluyente. El destino de los habitantes de Roanoke sigue siendo uno de los misterios más antiguos y perdurables de Estados Unidos.

La historia de Roanoke continúa cautivando la imaginación, simbolizando tanto la esperanza como el peligro de la colonización temprana. Es un recordatorio inquietante de la fragilidad de los empeños humanos... y de los secretos que la historia aún guarda.

EL HOMBRE QUE SOBREVIVIÓ A DOS BOMBAS ATÓMICAS

Tsutomu Yamaguchi, un ingeniero japonés, ostenta la sobrecogedora distinción de ser una de las pocas personas que sobrevivieron a los dos bombardeos atómicos de la Segunda Guerra Mundial, una experiencia tan extraordinaria que casi desafía la credibilidad.

El 6 de agosto de 1945, Yamaguchi se encontraba en Hiroshima por un viaje de negocios cuando detonó la primera bomba atómica, *"Little Boy"*. Estaba a unos tres kilómetros del epicentro, y la explosión lo lanzó por los aires, le reventó los tímpanos y le quemó gran parte de la parte superior del cuerpo. A pesar de sus heridas, logró llegar a un refugio antiaéreo y pasó allí la noche, rodeado de devastación.

Al día siguiente, Yamaguchi emprendió el viaje de regreso a su hogar en Nagasaki, a más de 290 kilómetros de distancia. El 9 de agosto, mientras contaba a sus colegas su experiencia en Hiroshima, la segunda bomba atómica, *"Fat Man"*, explotó sobre Nagasaki. Una vez más, Yamaguchi se encontraba a unos tres kilómetros del epicentro. Aunque sufrió nuevas heridas, milagrosamente volvió a sobrevivir.

Yamaguchi perdió a muchos amigos y familiares en los bombardeos y padeció problemas de salud a largo plazo debido a la exposición a la radiación. Sin embargo, vivió una vida plena, falleciendo en 2010 a los 93 años. En sus últimos años se convirtió en un ferviente defensor del desarme nuclear, compartiendo su historia para promover la paz y evitar el uso futuro de armas atómicas.

La supervivencia de Tsutomu Yamaguchi es un testimonio notable de la resiliencia humana frente a un horror inimaginable. Su vida sirve tanto como un sombrío recordatorio del devastador poder de la guerra como un poderoso llamado a un mundo libre de armas nucleares.

LA BIBLIOTECA DE ALEJANDRÍA: UN LEGADO PERDIDO

La Biblioteca de Alejandría, uno de los centros de aprendizaje más célebres del mundo antiguo, se ha convertido en símbolo de la curiosidad humana y de la ambición intelectual. Construida en la ciudad egipcia de Alejandría durante el reinado del faraón Ptolomeo II en el siglo III a. C., la biblioteca tenía como objetivo reunir bajo un mismo techo todo el conocimiento del mundo. Se dice que albergaba cientos de miles de rollos, con temas que iban desde astronomía y matemáticas hasta medicina y filosofía.

La biblioteca atraía a sabios de todo el Mediterráneo, incluidos algunos de los más grandes pensadores de la época, como Euclides y Arquímedes. No era solo un depósito de textos; era un centro de colaboración intelectual, donde los eruditos podían debatir, estudiar y ampliar los límites del conocimiento.

Sin embargo, a pesar de su importancia, la Biblioteca de Alejandría es recordada tanto por su misteriosa destrucción como por sus logros. A lo largo de los siglos sufrió múltiples calamidades. Una teoría culpa al asedio de Alejandría por Julio César en el 48 a. C., durante el cual un incendio consumió partes de la ciudad. Otros señalan a gobernantes posteriores, como el emperador Teófilo, o a invasores musulmanes, como responsables de su desaparición. Algunos historiadores sostienen que la biblioteca declinó gradualmente, perdiendo sus tesoros por negligencia más que por un único evento catastrófico.

La pérdida de la Biblioteca de Alejandría suele romantizarse como un trágico retroceso para la humanidad, con la destrucción de innumerables textos que representaban un conocimiento irreemplazable. Aunque el alcance total de su contenido sigue siendo desconocido, la biblioteca perdura como símbolo de la búsqueda del saber y de la fragilidad de los mayores logros humanos.

La historia de la Biblioteca de Alejandría nos recuerda la importancia de preservar el conocimiento para las generaciones futuras y el poder de la curiosidad intelectual para dar forma a nuestro mundo.

EL MANUSCRITO VOYNICH: EL MAYOR ENIGMA DE LA HISTORIA

El manuscrito Voynich, un libro de 240 páginas lleno de extrañas ilustraciones y un texto indescifrable, ha desconcertado a eruditos, criptógrafos y lingüistas durante más de un siglo. Descubierto en 1912 por el comerciante de libros raros Wilfrid Voynich, se cree que el manuscrito data de principios del siglo XV, aunque sus orígenes siguen envueltos en misterio.

El texto está escrito en un alfabeto desconocido, con un vocabulario que no se asemeja a ningún idioma conocido. Sus páginas están adornadas con dibujos extraños de plantas irreconocibles, cartas celestiales y mujeres desnudas en bañeras interconectadas. Algunas secciones parecen textos alquímicos o médicos, mientras que otras parecen detallar con-

ceptos astronómicos o botánicos. A pesar de innumerables intentos, nadie ha logrado descifrar de manera concluyente su significado o propósito.

A lo largo de los años, las teorías sobre los orígenes del manuscrito han oscilado entre lo plausible y lo fantástico. Algunos creen que se trata de una guía médica medieval, mientras que otros sospechan que fue creado como una elaborada farsa. Ideas más especulativas sugieren que es un texto codificado para ocultar conocimiento secreto, la obra de un inventor visionario o incluso evidencia de contacto extraterrestre.

Estudios avanzados, incluida la datación por carbono, han confirmado la antigüedad del manuscrito, descartando que sea una falsificación moderna. Sin embargo, su verdadera autoría sigue siendo desconocida, y se han propuesto nombres como Roger Bacon, Leonardo da Vinci o incluso una monja anónima.

Hoy en día, el manuscrito Voynich se encuentra en la Biblioteca Beinecke de Libros Raros y Manuscritos de la Universidad de Yale, donde continúa fascinando a investigadores y entusiastas por igual. Sus enigmáticas páginas son un recordatorio tentador del amor de la humanidad por los acertijos y del atractivo de lo desconocido. Ya sea un auténtico vestigio de conocimiento perdido o un magistral rompecabezas, el manuscrito Voynich asegura que sus secretos permanezcan siempre fuera de nuestro alcance.

LA MALDICIÓN DE LA TUMBA DE TUTANKAMÓN

Cuando el arqueólogo británico Howard Carter descubrió la tumba del faraón Tutankamón en 1922, el mundo quedó cautivado por los deslumbrantes tesoros y la increíble conservación del lugar de entierro del joven rey. Sin embargo, el hallazgo también dio origen a una de las leyendas más perdurables de la historia: la maldición de la tumba de Tutankamón.

La maldición supuestamente prometía desgracias a todo aquel que osara perturbar el descanso eterno del faraón. Poco después de la apertura de la tumba, sucesos extraños y trágicos parecieron dar credibilidad al mito. La primera víctima fue Lord Carnarvon, el financiador de la expedición, quien murió a causa de una picadura de mosquito infectada apenas unos meses después de haber entrado en la tumba. El

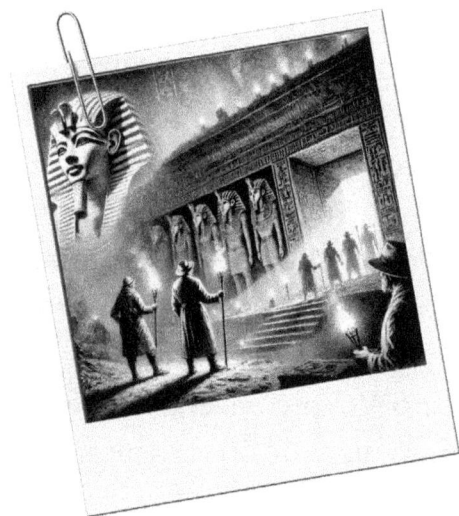

día de su muerte, un apagón sumió a El Cairo en la oscuridad y, según cuenta la leyenda, su perro aulló y murió en ese mismo instante a miles de kilómetros, en Inglaterra.

Con los años, varias personas vinculadas a la excavación murieron de forma prematura, alimentando los rumores de una maldición sobrenatural. Entre ellas se contaban enfermedades repentinas, accidentes y muertes misteriosas. Los periódicos se encargaron de sensacionalizar la historia, convirtiéndola en un fenómeno mundial.

Los escépticos sostienen que la maldición fue producto de coincidencias y del sensacionalismo mediático. Muchos miembros del equipo de excavación, incluido el propio Carter, vivieron largas y tranquilas vidas. Además, las paredes de la tumba no contenían inscripciones que advirtieran de una maldición, y se han sugerido explicaciones científicas —como la exposición a moho o bacterias antiguas— para las enfermedades.

A pesar de las dudas, la leyenda de la maldición de Tutankamón sigue siendo irresistible. Añade un aire de misterio y peligro a uno de los mayores descubrimientos arqueológicos, recordándonos el atractivo —y el temor— de desvelar los secretos del pasado.

EL HOMBRE QUE ENGAÑÓ A LA MUERTE: FRANE SELAK

Frane Selak, un profesor de música de Croacia, se ganó el apodo de "el hombre con más suerte en la desgracia" debido a una serie de experiencias cercanas a la muerte que desafían toda probabilidad. A lo largo de su vida, Selak sobrevivió a siete accidentes insólitos que fácilmente pudieron haberle costado la vida, convirtiéndolo en una leyenda viviente de fortuna extraordinaria.

Su encuentro con la muerte comenzó en 1962, cuando el tren en el que viajaba descarriló y cayó en un río helado, causando la muerte de 17 pasajeros. Selak logró nadar

hasta ponerse a salvo con solo un brazo roto. Un año después, en su primer y único vuelo en avión, una falla en la puerta provocó que fuera expulsado en pleno aire. Milagrosamente, cayó en un pajar y salió con heridas menores.

En las décadas siguientes, Selak sobrevivió a un accidente de autobús en un río, a varias explosiones de automóvil y a ser atropellado por un autobús urbano. En un incidente, su coche se deslizó por una carretera de montaña y él saltó justo antes de que el vehículo se precipitara al abismo. Cada vez salió vivo y relativamente ileso, consolidando su reputación como un hombre imposible de matar.

En 2003, la increíble suerte de Selak dio un giro positivo cuando ganó la lotería, embolsándose casi un millón de dólares. Usó sus ganancias para comprar una casa para su familia y llevar una vida tranquila, llegando incluso a regalar gran parte de su fortuna, afirmando que el dinero no era la clave de la felicidad.

La vida de Frane Selak es un testimonio de la resiliencia y de lo impredecible del destino. Ya sea que se interprete como suerte, destino o pura improbabilidad, es difícil no maravillarse ante el hombre que aparentemente engañó a la muerte una y otra vez.

LA ESTATUA QUE LLORABA SANGRE

En 1973, una pequeña iglesia en la ciudad italiana de Civitavecchia se convirtió en el centro de un milagro moderno —o de una controversia— cuando una estatua de la Virgen María supuestamente comenzó a llorar sangre. La estatua, un modesto regalo de un artista local, había permanecido en silencio en la iglesia durante años antes de la primera extraña manifestación. Testigos aseguraron ver hilos rojos, semejantes a lágrimas, fluir de los ojos de la figura.

La noticia se propagó rápidamente, y peregrinos acudieron en masa a la iglesia con la esperanza de presenciar el fenómeno. Muchos lo interpretaron como una señal del cielo, un llamado al arrepentimiento o una advertencia de un desastre inminente. Los fieles se arrodillaban en oración, mientras

que los escépticos cuestionaban si aquellas "lágrimas" no serían simplemente un elaborado engaño.

La Iglesia católica abrió una investigación y tomó muestras de la sustancia similar a sangre. Los análisis revelaron que se trataba de sangre humana, lo que alimentó aún más la especulación y el debate. Sin embargo, la procedencia de la sangre —y la forma en que aparecía en la estatua— nunca pudo explicarse.

Con los años, se han reportado sucesos similares en otras partes del mundo, desde estatuas que lloran hasta pinturas que exudan aceite o agua. Cada caso ha dividido a creyentes y escépticos, desatando discusiones sobre la fe, la ciencia y lo inexplicable.

Hasta el día de hoy, la Virgen María llorosa de Civitavecchia sigue siendo un misterio. Ya sea intervención divina, fenómeno natural o un elaborado truco, la estatua continúa inspirando asombro y curiosidad. Es un recordatorio de la perdurable fascinación de la humanidad por los milagros y de la delgada línea entre la fe y el escepticismo.

EL MISTERIOSO ZUMBIDO ESCUCHADO EN TODO EL MUNDO

En ciudades y pueblos de todo el planeta, un extraño y persistente ruido ha desconcertado a residentes y científicos durante décadas. Conocido simplemente como *"The Hum"* (el zumbido), este sonido de baja frecuencia suele describirse como un murmullo constante que solo algunas personas pueden percibir. Se ha reportado en lugares como Taos, Nuevo México; Bristol, Inglaterra; e incluso Largs, Escocia. Sin embargo, la causa exacta del fenómeno sigue siendo un misterio.

Quienes lo oyen lo describen como algo exasperante, semejante al motor lejano de un diésel o a una vibración continua. Para algunos es solo una molestia; para otros provoca dolores de cabeza, insomnio e incluso angustia psicológica.

Lo más desconcertante es que no suele registrarse en micrófonos ni equipos de audio, lo que sugiere que es un sonido muy localizado o que quizá ni siquiera se trate de un sonido tradicional.

A lo largo de los años se han propuesto diversas teorías. Algunos científicos apuntan a la maquinaria industrial, al tráfico distante o a fenómenos geológicos naturales como posibles causas. Otros especulan que el zumbido podría estar relacionado con ondas electromagnéticas de baja frecuencia o con una rara forma de tinnitus. Y, en el terreno más extravagante, no faltan quienes lo atribuyen a proyectos secretos de gobiernos, actividad de ovnis o comunicación extraterrestre.

A pesar de numerosos estudios, no ha surgido una explicación definitiva. El zumbido aparece y desaparece sin previo aviso, dejando perplejas a las comunidades y desconcertados a los investigadores. Por ahora, sigue siendo un enigma sin resolver, un recordatorio inquietante de cuánto desconocemos todavía sobre el mundo que nos rodea.

Ya sea un fenómeno natural o algo mucho más extraño, *The Hum* continúa intrigando e inquietando a quienes lo escuchan, un sonido que permanece tanto en los oídos como en la imaginación.

LA LEYENDA DE EL DORADO: LA CIUDAD PERDIDA DE ORO

D urante siglos, exploradores y aventureros han quedado cautivados por la leyenda de El Dorado, una mítica ciudad de oro escondida en lo profundo de Sudamérica. El relato se originó en las historias indígenas sobre una ceremonia de la tribu muisca, en la actual Colombia, donde se decía que un cacique se cubría de polvo de oro y se sumergía en la laguna de Guatavita como ofrenda a los dioses.

Cuando los conquistadores españoles llegaron a América en el siglo XVI, escucharon relatos de este "hombre dorado" y de las riquezas de su pueblo. Con el tiempo, la historia evolucionó hasta convertirse en la idea de una ciudad entera hecha de oro, oculta en la selva y esperando ser descubierta. Impulsadas por la codicia y la ambición, numerosas

expediciones partieron en busca de El Dorado, a menudo con gran costo. Hombres como Francisco de Orellana y Sir Walter Raleigh se internaron en el Amazonas, enfrentando enfermedades, hambrunas y terrenos hostiles, pero la ciudad permaneció inalcanzable.

La laguna de Guatavita se convirtió en el centro de la búsqueda. En el siglo XVI, colonos españoles intentaron drenar el lago, encontrando objetos de oro, pero no el tesoro que esperaban. Los arqueólogos modernos también han explorado la laguna, pero el sueño de hallar una ciudad dorada ha resultado ser tan inasible como siempre.

Hoy en día, El Dorado es considerado más una leyenda que un lugar real. Sin embargo, su atractivo persiste, simbolizando la eterna búsqueda humana de riqueza, gloria y lo desconocido. Existiera o no, El Dorado sigue inspirando historias, obras de arte y la imaginación de quienes sueñan con descubrir tesoros ocultos.

LOS JUICIOS DE SALEM: UN OSCURO CAPÍTULO DE LA HISTORIA

En 1692, la pequeña comunidad puritana de Salem, Massachusetts, fue presa de una histeria que daría lugar a uno de los episodios de pánico colectivo más infames de la historia estadounidense: los juicios de Salem por brujería. A lo largo de un año, más de 200 personas fueron acusadas de practicar la brujería y 20 fueron ejecutadas: 19 en la horca y una, Giles Corey, aplastado hasta la muerte con pesadas piedras.

El pánico comenzó en febrero, cuando varias niñas de Salem Village empezaron a mostrar comportamientos extraños: convulsiones, gritos y contorsiones. El médico local, incapaz de hallar una explicación médica, declaró que la causa era la brujería. Las niñas acusaron a tres mujeres: Sarah Good,

una mendiga; Sarah Osborne, una anciana; y Tituba, una esclava procedente del Caribe. Bajo coacción, Tituba confesó y afirmó que había más brujas escondidas en la comunidad, encendiendo así una oleada de acusaciones.

Los juicios estuvieron marcados por pruebas dudosas, incluido el "testimonio espectral", en el que los acusadores aseguraban ver espíritus o visiones de los acusados practicando actos de brujería. El miedo, el fervor religioso y las venganzas personales alimentaron el caos, con vecinos volviéndose unos contra otros en un desesperado intento de demostrar su inocencia.

En septiembre de 1692, la histeria comenzó a disiparse a medida que crecían las dudas sobre la validez de las acusaciones. El gobernador William Phips finalmente puso fin a los juicios, y muchos de los condenados fueron absueltos posteriormente. Sin embargo, el daño ya estaba hecho, dejando una mancha imborrable en la historia de Salem.

Los juicios de Salem permanecen como una advertencia sobre los peligros del miedo, los prejuicios y la erosión del debido proceso. Hoy en día, Salem recibe a miles de visitantes que acuden para conocer este trágico capítulo y reflexionar sobre las consecuencias de una histeria colectiva sin control.

EL EXTRAÑO CASO DE D.B. COOPER

El 24 de noviembre de 1971, un vuelo rutinario de Portland a Seattle se convirtió en el escenario de uno de los mayores misterios sin resolver de la historia estadounidense. Un hombre conocido únicamente como "D.B. Cooper" secuestró el vuelo 305 de Northwest Orient, afirmando llevar una bomba en su maletín. Tranquilo y sereno, Cooper entregó una nota a la azafata exigiendo 200,000 dólares en efectivo, cuatro paracaídas y un camión cisterna listo para reabastecer el avión al aterrizar en Seattle.

Las autoridades cumplieron con sus demandas, entregando el dinero y los paracaídas cuando el avión llegó a tierra. Cooper liberó a los pasajeros y ordenó a la tripulación despegar nuevamente, esta vez rumbo a Ciudad de México a baja altitud y velocidad reducida. En algún punto sobre los densos bosques del estado de Washington, Cooper abrió la escalerilla trasera del avión y saltó en la noche con el dinero atado al cuerpo.

A pesar de una exhaustiva búsqueda, nunca se encontraron ni a Cooper ni sus restos. El FBI rastreó el terreno con helicópteros, botes y equipos en tierra, pero la pista se enfrió. Años después, en 1980, un niño descubrió 5,800 dólares en billetes de 20 deteriorados a lo largo del río Columbia, con números de serie que coincidían con el dinero del rescate. Sin embargo, esta pista generó más preguntas que respuestas.

Con el paso de las décadas, surgieron numerosas teorías. Algunos creen que Cooper murió en el salto, mientras que otros insisten en que sobrevivió y vivió en el anonimato. Los sospechosos han variado desde ex paracaidistas militares hasta delincuentes habituales, pero nunca apareció evidencia concluyente.

El caso se cerró oficialmente en 2016, pero el misterio de D.B. Cooper sigue fascinando. Ya sea visto como un audaz antihéroe o como un criminal temerario, la historia de Cooper permanece como uno de los atracos más atrevidos de la historia… y un enigma que quizás nunca se resuelva.

EL BARCO FANTASMA HOLANDÉS ERRANTE

Durante siglos, los marineros han susurrado historias sobre el *Holandés Errante*, un barco fantasma condenado a vagar por los mares por toda la eternidad. A menudo descrito como una embarcación espectral que brilla con una luz inquietante, se dice que el *Holandés Errante* trae mala suerte a quienes lo encuentran: un presagio escalofriante de desastre inminente.

La leyenda se remonta al siglo XVII y a un capitán holandés llamado Hendrick van der Decken. Según el folclore, van der Decken intentaba navegar por las traicioneras aguas del Cabo de Buena Esperanza cuando su tripulación le suplicó regresar debido a una tormenta violenta. Ignorando sus ruegos, juró que doblaría el cabo "aunque le llevara toda la eternidad". Su desafío habría condenado a él y a su barco a surcar

los océanos para siempre, sin hallar nunca un puerto seguro.

Con el paso de los años, se han reportado avistamientos del *Holandés Errante* en todo el mundo, casi siempre en circunstancias similares: durante tormentas o en medio de niebla espesa. Uno de los encuentros más famosos fue el del rey Jorge V, cuando aún era guardiamarina a bordo del HMS *Bacchante* en 1881. Él y varios tripulantes aseguraron haber visto un barco brillante frente a la costa de Australia, que desapareció instantes después.

Aunque las explicaciones modernas apuntan a ilusiones ópticas como los espejismos de *fata morgana*, la leyenda persiste en el folclore marítimo. El *Holandés Errante* ha sido inmortalizado en la literatura, la ópera y el cine, consolidando su lugar como uno de los misterios más inquietantes del mar.

Ya sea un relato de castigo sobrenatural o un fenómeno natural malinterpretado, el *Holandés Errante* sigue cautivando la imaginación, recordándonos el vasto y misterioso poder del océano.

EL MISTERIO DE LA BRUJA BELL

A principios del siglo XIX, la familia Bell de Adams, Tennessee, se convirtió en el centro de una de las historias de fantasmas más escalofriantes de Estados Unidos, conocida hoy como la leyenda de la bruja Bell. Todo comenzó en 1817, cuando John Bell, un granjero, y su familia empezaron a experimentar fenómenos extraños en su propiedad. Al principio fueron ruidos inusuales: arañazos, golpes y cadenas arrastrándose por el suelo. Pronto, la actividad escaló a ataques físicos: los miembros de la familia eran abofeteados, pellizcados y empujados por una fuerza invisible.

La entidad parecía concentrar su atención en John Bell y en su hija Betsy. Los atormentaba con voces desincorporadas, carcajadas burlonas e insultos crueles. El espíritu, que llegó a conocerse como la *bruja Bell*, también mostraba una inteligencia inquietante: respondía preguntas y mantenía conversaciones con los visitantes. La noticia del embrujo se propagó, atrayendo curiosos, incluido el futuro presidente Andrew Jackson, quien supuestamente huyó de la casa tras presenciar la furia del espíritu.

Los motivos de la bruja Bell eran inciertos, pero parecía albergar un odio particular hacia John Bell, a quien llamaba "Viejo Jack". En 1820, tras años de tormento, John Bell murió en circunstancias misteriosas, y la familia encontró un frasco con un líquido desconocido junto a su cuerpo. El espíritu se atribuyó la responsabilidad de su muerte, jactándose de haberlo envenenado.

Tras la muerte de John Bell, la actividad disminuyó, aunque de vez en cuando se siguieron reportando sucesos extraños. La leyenda de la bruja Bell ha perdurado, inspirando libros, películas e incluso una industria turística en Adams, donde la cueva de la bruja Bell sigue siendo un destino popular para cazadores de fantasmas.

Ya sea un caso de histeria colectiva, un ingenioso engaño o un auténtico fenómeno sobrenatural, la leyenda de la bruja Bell continúa fascinando y aterrando, consolidando su lugar en el folclore paranormal de Estados Unidos.

LA EXTRAÑA DESAPARICIÓN DE AGATHA CHRISTIE

La noche del 3 de diciembre de 1926, la famosa novelista de misterio Agatha Christie desapareció sin dejar rastro, desatando una búsqueda nacional y un frenesí mediático. Durante 11 días, la "Reina del Crimen" se convirtió en protagonista de su propio enigma, uno que hasta hoy sigue parcialmente sin resolverse.

El coche de Christie fue hallado abandonado cerca de una cantera de tiza en Surrey, Inglaterra, con su licencia de conducir vencida y un abrigo de piel en el interior. La policía temió lo peor, sospechando de un accidente o incluso de un crimen. Miles de voluntarios recorrieron el campo, y hasta otros escritores, como Sir Arthur Conan Doyle, se unieron a la búsqueda. Doyle incluso llevó uno de los guantes de Christie a un médium con la esperanza de obtener pistas.

La historia dio un giro insólito cuando Christie fue encontrada con vida el 14 de diciembre en un lujoso hotel de Harrogate, Yorkshire. Se había registrado bajo un nombre falso: Theresa Neele, el mismo apellido de la amante de su esposo. A pesar de ser reconocida por el personal y otros huéspedes, Christie parecía no tener idea del revuelo que había causado su desaparición.

Ella misma nunca dio una explicación clara, alegando haber sufrido amnesia provocada por el estrés emocional. En ese momento enfrentaba la reciente muerte de su madre y la revelación de la infidelidad de su marido. Aunque algunos aceptaron su versión, otros sospecharon que fue un acto deliberado para avergonzar a su esposo o escapar de la presión de su vida personal y profesional.

Hasta el día de hoy, la verdadera razón de la desaparición de Agatha Christie sigue siendo objeto de especulación e intriga. Ya sea un caso de auténtica pérdida de memoria o una maniobra cuidadosamente planeada, el episodio añade otra capa de misterio a la vida de una de las más grandes narradoras del mundo.

EL PILAR DE HIERRO DE DELHI: UNA MARAVILLA A PRUEBA DE ÓXIDO

En el corazón del complejo Qutub Minar, en Delhi, India, se erige una maravilla de la ingeniería antigua que ha desconcertado a científicos e historiadores durante siglos: el Pilar de Hierro de Delhi. Esta columna de 7 metros de altura, con un peso de más de 6 toneladas, está hecha de hierro casi puro y, sin embargo, muestra casi ninguna señal de óxido, a pesar de tener más de 1,600 años y haber estado expuesta a condiciones climáticas extremas.

Se cree que el pilar fue erigido durante el reinado de

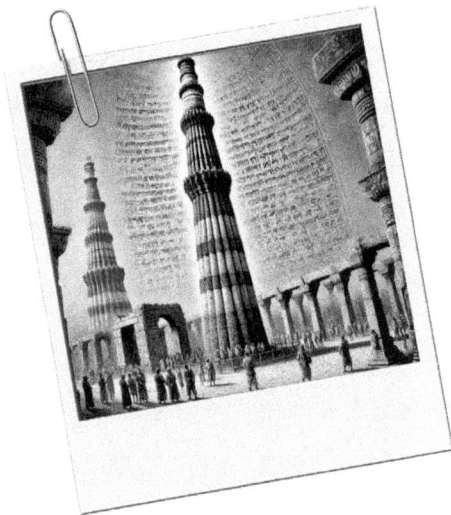

Chandragupta II, en el siglo IV d. C., y está inscrito con un texto en sánscrito que alaba las victorias militares del rey. Su asombrosa resistencia a la corrosión ha dado lugar a extensas investigaciones, y los expertos sugieren que su composición y técnicas de construcción estaban muy adelantadas a su tiempo. El hierro contiene altos niveles de fósforo y carece de azufre y manganeso, lo que permite la formación de una capa protectora de óxido pasivo que impide la corrosión.

Aunque la metalurgia moderna puede explicar la longevidad del pilar, su creación sigue siendo un testimonio del avanzado conocimiento de los antiguos herreros indios. Producir una columna tan masiva con herramientas primitivas y garantizar su durabilidad requirió una habilidad y precisión excepcionales.

El Pilar de Hierro también se ha convertido en un símbolo de orgullo cultural e histórico. Una leyenda local afirma que cualquiera que logre rodear el pilar con los brazos mientras permanece de espaldas a él verá cumplidos sus deseos, una tradición que ha dejado marcas visibles tras siglos de intentos.

Hoy en día, el Pilar de Hierro de Delhi se mantiene tanto como artefacto histórico como curiosidad científica, recordándonos la genialidad de las civilizaciones antiguas. Es un testimonio silencioso pero poderoso de la innovación humana, que permanece erguido frente al paso del tiempo.

LA MUJER QUE SOBREVIVIÓ A UNA CAÍDA DE 10,000 METROS

El 26 de enero de 1972, Vesna Vulović, una azafata de 22 años de JAT Yugoslav Airlines, logró un récord tan trágico como milagroso: sobrevivió a la caída más alta sin paracaídas —10,000 metros—. Su historia es de resistencia, tragedia y misterio.

Vulović viajaba a bordo del vuelo 367, de Estocolmo a Belgrado, cuando una explosión sacudió el avión DC-9. La aeronave se desintegró en pleno aire, esparciendo restos y pasajeros sobre las montañas nevadas de Checoslovaquia. Los investigadores concluyeron que una bomba en una maleta, presuntamente colocada por terroristas, había provocado la explosión.

Milagrosamente, Vulović fue encontrada con vida entre los escombros por un aldeano local. Había quedado atrapada en la sección de cola del avión, que cayó sobre un bosque espeso y una capa profunda de nieve, lo que amortiguó el impacto. Vulović sufrió graves heridas, entre ellas fractura de cráneo, tres vértebras rotas y parálisis temporal. Pasó meses en el hospital, sometida a cirugías y a una rehabilitación intensa, pero finalmente recuperó la capacidad de caminar.

Su supervivencia desafió toda probabilidad, ganándole un lugar en el *Libro Guinness de los Récords*. Se convirtió en heroína nacional en Yugoslavia y en defensora de la paz, aunque evitaba ser vista como celebridad. "Tuve la suerte de sobrevivir, y eso es suficiente para mí", solía decir.

A pesar de su increíble historia, aún persisten interrogantes sobre las circunstancias exactas del accidente, con teorías conspirativas que plantean escenarios alternativos. Sin embargo, la supervivencia de Vulović sigue siendo un testimonio de la resistencia del cuerpo y del espíritu humano.

La increíble caída de Vesna Vulović continúa inspirando asombro y admiración, recordándonos que, incluso frente a probabilidades inimaginables, la supervivencia es posible.

EL CÓDICE GIGAS: LA BIBLIA DEL DIABLO

El *Códice Gigas*, también conocido como la *Biblia del Diablo*, es uno de los manuscritos más grandes y misteriosos del mundo. Con un tamaño de casi un metro de alto y un peso de más de 75 kilos, este libro del siglo XIII contiene 620 páginas de texto en latín, incluyendo la Biblia completa, conocimientos médicos, fórmulas mágicas y una inquietante ilustración a página completa del diablo.

La leyenda que rodea al *Códice Gigas* es tan oscura como su contenido. Según el folclore, el manuscrito fue creado por un monje en una sola noche. Condenado a muerte por romper sus votos monásticos, el monje prometió escribir un libro tan magnífico que glorificaría a su orden y le salvaría la vida. Al darse cuenta de que la tarea era imposible, habría hecho

un pacto con el diablo, quien completó el manuscrito a cambio de su alma. El perturbador retrato del demonio en sus páginas sería el recordatorio de ese pacto profano.

Los estudiosos modernos descartan la leyenda, estimando que habrían hecho falta al menos 20 años para terminar el *Códice Gigas*, debido a su tamaño y a la meticulosa caligrafía. Sin embargo, aún quedan incógnitas sobre su origen. La escritura es sorprendentemente uniforme, lo que sugiere que fue realizada por una sola persona, y su elaboración exigió materiales muy costosos, lo que convierte su procedencia en un enigma.

Hoy en día, el *Códice Gigas* se conserva en la Biblioteca Nacional de Suecia, donde sigue intrigando a los visitantes por su monumental escala y su siniestra reputación. Ya sea una hazaña de determinación humana o un relicario envuelto en mito, la *Biblia del Diablo* permanece como un recordatorio del poder —y el peligro— de la ambición humana.

LA MALDICIÓN DE LOS FARAONES

La maldición de los faraones es una de las leyendas más perdurables de la historia, y afirma que cualquiera que perturbe una tumba del antiguo Egipto sufrirá terribles consecuencias. Aunque los relatos de tumbas malditas existían mucho antes del siglo XX, la leyenda alcanzó fama mundial tras el descubrimiento de la tumba del faraón Tutankamón en 1922, por el arqueólogo británico Howard Carter.

Poco después de la apertura de la tumba, una serie de muertes misteriosas alimentaron los rumores de una maldición. La víctima más famosa fue Lord Carnarvon, el financiador de la expedición, quien murió apenas unos meses después del hallazgo debido a la picadura infectada de un mosquito. En el momento de su muerte, se cuenta que todas las luces

de El Cairo se apagaron, añadiendo un giro inquietante a la historia. Con los años, otros miembros de la expedición también fallecieron prematuramente, lo que reforzó la reputación de la maldición.

Científicos y escépticos, sin embargo, ofrecen explicaciones más racionales. Algunos sugieren que la exposición a bacterias antiguas, moho o gases tóxicos en las tumbas pudo haber provocado enfermedades. Otros señalan la simple coincidencia, recordando que el propio Carter, quien pasó años trabajando en la tumba, vivió hasta 1939, mucho después de que muchos de sus colegas hubieran muerto.

A pesar del escepticismo, la maldición de los faraones sigue cautivando la imaginación, inspirando películas, libros e incluso susurros cautelosos entre los arqueólogos modernos. Ya sea una auténtica fuerza sobrenatural o un producto del sensacionalismo mediático, la leyenda nos recuerda la fascinación de la humanidad por el antiguo Egipto y los misterios que aún encierra.

La maldición de los faraones sigue siendo una poderosa historia de intriga, peligro y del eterno atractivo de los tesoros antiguos: un enigma eterno envuelto en oro y sombra.

LA GRAN INUNDACIÓN DE CERVEZA EN LONDRES

El 17 de octubre de 1814, un día común en el distrito de St. Giles, en Londres, se convirtió en un desastre insólito cuando una enorme ola de cerveza arrasó las calles. El origen de la catástrofe fue la cervecería Horse Shoe, donde una cuba de madera de casi 7 metros de altura que contenía más de 600,000 litros de cerveza estalló repentinamente. La fuerza de la ruptura provocó la explosión de otros recipientes, liberando una marea estimada en más de 1.4 millones de litros de cerveza.

La inundación avanzó por el barrio densamente poblado, destruyendo casas, derribando muros e incluso provocando el colapso parcial de una taberna cercana. Trágicamente, el incidente cobró la vida de al menos ocho personas, entre ellas mujeres y niños que no lograron escapar del torrente.

El desastre se convirtió en un espectáculo macabro, atrayendo a multitudes de curiosos. Se cuenta que algunos vecinos intentaron rescatar cerveza de las calles con cubos y ollas, mientras que otros la bebieron directamente del suelo. La mezcla de duelo y humor negro hizo que el evento pasara rápidamente al folclore londinense.

Una investigación posterior determinó que el fallo estructural de la cuba se debió a un deficiente mantenimiento, aunque nadie fue responsabilizado. La propia cervecería estuvo a punto de quebrar por el incidente, aunque logró recuperarse y continuar operando durante décadas.

La gran inundación de cerveza en Londres sigue siendo uno de los accidentes industriales más extraños y trágicos de la historia. Es un recordatorio curioso de la fragilidad de la ingeniería humana y de las formas inesperadas en que lo cotidiano puede transformarse en catástrofe en un instante.

EL HOMBRE DE LA MÁSCARA DE HIERRO

El misterio del hombre de la máscara de hierro ha cautivado a historiadores y narradores durante siglos. Este enigmático prisionero, recluido en distintas cárceles francesas a finales del siglo XVII, sigue envuelto en intriga. Su confinamiento más célebre fue en la Bastilla, bajo la estricta vigilancia del carcelero de confianza del rey Luis XIV, Bénigne Dauvergne de Saint-Mars.

Lo que hacía único a este prisionero era un detalle peculiar: su rostro debía permanecer siempre oculto, supuestamente tras una máscara de terciopelo (que con el tiempo la leyenda transformó en hierro). El secreto en torno a su identidad era tan estricto que los guardias que hablasen de él podían ser ejecutados. La incógnita de quién era —y por qué debía ocultarse su identidad— dio pie a innumerables teorías.

Algunos creen que fue un noble caído en desgracia o un oficial militar, mientras que otros sugieren que era un pariente cercano de Luis XIV, tal vez un medio hermano ilegítimo o incluso un gemelo. Esta última teoría, aunque sin pruebas, inspiró la famosa novela de Alexandre Dumas *El hombre de la máscara de hierro*, parte de la saga de *Los tres mosqueteros*.

Los registros oficiales de la época ofrecen pocas pistas. El prisionero murió en 1703 y fue enterrado bajo el nombre de "Marchiali", sin aportar claridad sobre su origen. Historiadores han revisado documentos exhaustivamente, pero nunca se ha encontrado una respuesta definitiva, lo que convierte su identidad en uno de los mayores enigmas históricos de Francia.

La historia del hombre de la máscara de hierro perdura como una fascinante mezcla de realidad y ficción. Ya fuera un peón político, un noble injustamente castigado o una víctima inocente, su relato nos recuerda el poder perdurable de los secretos... y hasta dónde pueden llegar los poderosos para mantenerlos ocultos.

EL MILAGRO DEL VUELO 571: LOS SOBREVIVIENTES DE LOS ANDES

El 13 de octubre de 1972, el vuelo 571 de la Fuerza Aérea Uruguaya, que transportaba a 45 pasajeros y tripulantes, se estrelló en la cordillera de los Andes durante un vuelo chárter de Montevideo a Santiago. Los pasajeros, en su mayoría integrantes de un equipo de rugby y sus familiares, enfrentaron desafíos inimaginables mientras luchaban por sobrevivir en uno de los entornos más hostiles de la Tierra.

El accidente dejó a 29 sobrevivientes varados a más de 3,500 metros de altura, con temperaturas gélidas, ropa insuficiente y solo unos pocos días de comida. Cuando las labores de rescate se cancelaron tras diez días, comprendieron que estaban solos. A medida que las provisiones se agotaban, tomaron una

decisión desgarradora para seguir con vida: alimentarse de los cuerpos de quienes habían muerto en el accidente, una elección nacida de la desesperación absoluta.

Dos meses después, una avalancha arrasó su improvisado refugio y mató a ocho personas más. A pesar de las adversidades, la esperanza persistió. Dos sobrevivientes, Nando Parrado y Roberto Canessa, emprendieron una arriesgada caminata de diez días a través de las montañas en busca de ayuda. Su travesía los llevó por un terreno traicionero, sin equipo adecuado ni entrenamiento, impulsados únicamente por la determinación y las ganas de vivir.

El 20 de diciembre de 1972, Parrado y Canessa se toparon con un arriero chileno, quien dio aviso a las autoridades. Los equipos de rescate localizaron rápidamente a los 14 sobrevivientes restantes, poniendo fin a una odisea de 72 días.

La historia del vuelo 571 es un relato de resistencia, valentía y de las extraordinarias medidas que los seres humanos pueden tomar frente a la adversidad. Inmortalizada en libros y películas como *¡Viven!*, la epopeya de los sobrevivientes de los Andes sigue inspirando y recordándonos la fuerza indomable del espíritu humano.

EL ENGAÑO DE MARY TOFT: LA MUJER Y LOS CONEJOS

En 1726, Inglaterra fue sacudida por uno de los fraudes médicos más extraños de la historia, cuando una mujer llamada Mary Toft afirmó que podía dar a luz conejos. Toft, una pobre sirvienta de Godalming, en Surrey, comenzó su insólita historia tras un aborto espontáneo, cuando supuestamente "parió" varias partes de conejo. Médicos locales, intrigados y desconcertados, documentaron sus afirmaciones y la presentaron a médicos de mayor prestigio.

Toft explicó que, durante su embarazo, se había asustado do al ver un conejo en el campo y creía que eso había causado que su cuerpo produjera crías de conejo. Su relato aprovechaba la extendida creencia del siglo XVIII en las llamadas "impresiones maternales", la idea de que las experiencias de una mujer

embarazada podían influir físicamente en su hijo por nacer.

El cirujano personal del rey Jorge I, Nathaniel St. André, viajó a examinarla. Sorprendentemente, apoyó sus afirmaciones tras presenciar cómo "paría" partes de conejo. La noticia de los nacimientos milagrosos se difundió por toda Inglaterra, despertando tanto fascinación como escepticismo.

Sin embargo, el engaño se desmoronó cuando Toft fue llevada a Londres para un examen más riguroso. Incapaz de producir más conejos bajo estrecha vigilancia, finalmente confesó el fraude. Había estado introduciendo partes de conejo en su cuerpo, con ayuda de cómplices, para mantener la farsa. ¿Su motivo? Obtener dinero y fama en una época de pobreza y oportunidades limitadas.

El escándalo humilló a la comunidad médica, en especial a St. André, cuya reputación nunca se recuperó. Toft fue encarcelada brevemente, aunque luego liberada, y acabó cayendo en el olvido.

El engaño de Mary Toft sigue siendo una advertencia sobre la credulidad, la ambición y las insólitas artimañas a las que algunos recurren para manipular la fe ajena. Una historia tan bizarra como trágica, que nos deja perplejos ante una de las estafas más peculiares de la historia.

LA MISTERIOSA MUERTE DE EDGAR ALLAN POE

El 3 de octubre de 1849, el célebre escritor Edgar Allan Poe fue hallado delirante y desorientado en las calles de Baltimore, vistiendo ropas que no le pertenecían. Fue trasladado al Washington College Hospital, donde entró y salió de la conciencia durante cuatro días antes de fallecer el 7 de octubre. Su causa de muerte fue registrada como "congestión cerebral", pero nunca se le practicó una autopsia, lo que dejó sus últimos momentos envueltos en misterio.

El extraño comportamiento de Poe en sus días finales no hizo más que aumentar la intriga. Según los informes, llamó repetidamente a alguien de nombre "Reynolds" y murmuraba incoherencias. Su paradero y actividades en los días previos a su hallazgo siguen siendo desconocidos, alimentando

la especulación sobre las circunstancias de su muerte.

A lo largo de los años han surgido numerosas teorías. Algunos sugieren que murió por intoxicación alcohólica, una explicación plausible dada su conocida lucha con la bebida. Otros proponen causas más siniestras, como un asesinato, rabia, intoxicación por monóxido de carbono o incluso una rara enfermedad cerebral.

Una de las teorías más intrigantes plantea que Poe fue víctima del *cooping*, una forma de fraude electoral común en el siglo XIX. En este esquema, individuos eran secuestrados, drogados o embriagados y obligados a votar múltiples veces disfrazados, lo que podría explicar la ropa extraña que vestía.

A pesar de extensas investigaciones, nunca se ha encontrado una respuesta definitiva, y la muerte de Poe sigue siendo uno de los grandes misterios sin resolver de la historia literaria. Su vida, marcada por la oscuridad y la tragedia, terminó de una manera tan inquietante como los relatos que escribió.

Las enigmáticas circunstancias de su muerte solo añaden a su legado como maestro de lo macabro, dejando a admiradores e historiadores reflexionando sobre el destino de uno de los más grandes escritores de Estados Unidos.

LOS VIAJES DE ZHENG HE: EL EXPLORADOR OLVIDADO DE CHINA

Mucho antes de que Colón zarpara hacia América, un almirante chino llamado Zheng He lideró algunas de las expediciones navales más ambiciosas de la historia. Entre 1405 y 1433, durante la dinastía Ming, Zheng He comandó siete viajes que lo llevaron a través del océano Índico hasta el sudeste asiático, el sur de Asia, Medio Oriente e incluso África. Su flota, compuesta por cientos de barcos y decenas de miles de hombres, no tenía rival en tamaño ni en sofisticación.

La nave insignia de Zheng He, conocida como el "barco del tesoro", era una maravilla de la ingeniería: medía más de 120 metros de largo, superando con creces a los barcos de los exploradores europeos. Estas embarcaciones transportaban bienes valiosos como seda, porcelana y especias, que Zheng He utilizaba para establecer relaciones comerciales y mostrar la riqueza y el poder de China. Sus viajes no eran solo comerciales, también eran misiones diplomáticas que difundían la cultura e influencia china por tierras lejanas.

En sus travesías, Zheng He visitó lugares como la actual Sri Lanka, India y Kenia, de donde llevó de regreso tesoros exóticos como jirafas y cebras, que maravillaron a la corte china. Sin embargo, sus expediciones terminaron abruptamente en la década de 1430, cuando el gobierno Ming cambió sus prioridades hacia el interior, desmanteló la flota y prácticamente borró su legado.

Los logros de Zheng He fueron en gran parte olvidados en Occidente hasta que los historiadores modernos redescubrieron su historia. Hoy es celebrado como un pionero de la exploración marítima, y sus viajes permanecen como testimonio de las avanzadas capacidades náuticas de la China del siglo XV.

Las expediciones de Zheng He nos recuerdan que la Era de los Descubrimientos no se limitó a Europa. Sus travesías reflejan una época distinta de intercambio global y sirven como un poderoso ejemplo de lo que la humanidad puede lograr cuando la mueven la curiosidad y la ambición.

EL MISTERIO DEL MECANISMO DE ANTICITERA

En 1901, unos buzos de esponjas frente a la costa de la isla griega de Anticitera descubrieron un naufragio que contenía un artefacto enigmático, hoy conocido como el *mecanismo de Anticitera*. Datado alrededor del año 100 a. C., este intrincado dispositivo es considerado la primera computadora analógica del mundo, diseñada para predecir eventos astronómicos con una precisión asombrosa.

El mecanismo consiste en un complejo sistema de engranajes y diales de bronce, alojados en una caja de madera.

Al girarlo, podía calcular las posiciones del sol, la luna y los planetas, además de predecir eclipses y seguir el calendario griego antiguo. La sofisticación de su diseño dejó atónitos a los investigadores, pues demostraba un conocimiento tecnológico muy superior al que se creía posible para esa época.

Durante décadas, el propósito y la construcción del mecanismo permanecieron en el misterio. Las técnicas modernas de imagen, como la tomografía de rayos X, han revelado sus engranajes internos y arrojado luz sobre su avanzada ingeniería. Las inscripciones en el dispositivo sugieren que se usaba con fines educativos y que pudo haber sido creado en un taller vinculado a científicos griegos de renombre como Arquímedes o Hiparco.

A pesar de estos avances, aún persisten muchas preguntas. ¿Cómo fue posible fabricar una herramienta tan avanzada en una era sin maquinaria industrial? ¿Por qué este nivel de sofisticación tecnológica desapareció durante más de un milenio, para reaparecer recién en la Edad Media? ¿Y fue el mecanismo de Anticitera una invención única o parte de una tradición más amplia?

El mecanismo de Anticitera desafía nuestra comprensión de la innovación antigua, demostrando que los límites de la ingeniosidad humana a menudo van mucho más allá de lo que imaginamos. Es un testimonio del brillo de las mentes antiguas y de los misterios perdurables de la historia.

EL GRAN INCENDIO DE CHICAGO: ENTRE HECHOS Y LEYENDAS

En la noche del 8 de octubre de 1871, un incendio comenzó en un pequeño establo en el suroeste de Chicago. Alimentado por la sequía, las construcciones de madera y fuertes vientos, las llamas se descontrolaron rápidamente, envolviendo gran parte de la ciudad. Cuando el fuego fue sofocado dos días después, había destruido más de 17,000 edificios, dejado sin hogar a 100,000 personas y causado la muerte de unas 300.

La causa del incendio sigue siendo incierta, aunque el folclore siempre ha señalado a la vaca de Catherine O'Leary, que supuestamente derribó un farol en su establo. Aunque esta historia capturó la imaginación popular, probablemente fue inventada por un periodista sensacionalista. En realidad, nunca se

halló evidencia que vinculara a la familia O'Leary con el incendio, aunque soportaron décadas de culpa pública.

La rápida propagación de las llamas se debió a una tormenta perfecta de factores: estructuras de madera apiñadas, carencia de equipos modernos de extinción y la vulnerabilidad de la ciudad tras una prolongada sequía. La tragedia puso de manifiesto la necesidad de una mejor planificación urbana y de medidas de seguridad contra incendios.

Tras la catástrofe, Chicago resurgió de sus cenizas, tanto en sentido literal como figurado. La ciudad adoptó nuevas técnicas de construcción, utilizando materiales resistentes al fuego como ladrillo y acero. Este esfuerzo de reconstrucción transformó a Chicago en un centro de innovación arquitectónica, ganándole el apodo de "La Segunda Ciudad".

El gran incendio de Chicago sigue siendo un poderoso símbolo de destrucción y resiliencia. Aunque la leyenda de la vaca añade un toque de folclore a la historia, el verdadero legado reside en cómo la ciudad se reconstruyó, más fuerte y más decidida que nunca.

LA DESAPARICIÓN DE LOS NIÑOS SODDER

En la víspera de Navidad de 1945, un incendio arrasó la casa de la familia Sodder en Fayetteville, Virginia Occidental. George y Jennie Sodder, junto con nueve de sus diez hijos, dormían cuando comenzó el fuego. Mientras cuatro lograron escapar, los otros cinco —Maurice, Martha, Louis, Jennie y Betty— fueron dados por muertos. Sin embargo, el misterio en torno a su desaparición ha desconcertado a los investigadores y cautivado al público durante décadas.

A pesar de una búsqueda minuciosa entre los restos del incendio, nunca se encontraron restos humanos, algo extraño considerando el calor extremo necesario para cremar completamente los huesos. Además, los Sodder reportaron varias circunstancias sospechosas antes y durante el incendio.

Una misteriosa llamada telefónica, una escalera desaparecida que luego apareció oculta y un camión familiar saboteado alimentaron las sospechas de un crimen.

Con los años, los Sodder llegaron a convencerse de que sus hijos habían sido secuestrados. Se reportaron avistamientos de los pequeños desaparecidos, y la familia recibió anónimamente una fotografía de un joven que se parecía a uno de sus hijos. En el reverso había una nota críptica que decía: "Louis Sodder. Amo a mi hermano Frankie. Ilil boys. A90132 o 35." Los Sodder incluso contrataron a investigadores privados para seguir pistas, pero todas terminaban en callejones sin salida.

El caso sigue sin resolverse, con teorías que van desde una venganza de la Mafia hasta un elaborado plan de secuestro. A pesar de su búsqueda incansable, la familia Sodder nunca obtuvo respuestas definitivas.

La desaparición de los niños Sodder es uno de los misterios más inquietantes de Estados Unidos, una historia que mezcla tragedia e intriga. Es el relato de la esperanza inquebrantable de una familia, del poder persistente de las preguntas sin respuesta y de un enigma que continúa desconcertando y fascinando.

LA LEYENDA DEL MONSTRUO DEL LAGO NESS

En las brumosas aguas del lago Ness, en Escocia, habita uno de los misterios más perdurables del mundo: el monstruo del lago Ness. Cariñosamente llamado "Nessie", esta escurridiza criatura ha despertado curiosidad y debate durante siglos, con avistamientos que se remontan al siglo VI.

La leyenda moderna comenzó en 1933, cuando una pareja afirmó haber visto a una enorme criatura semejante a un dinosaurio cruzando la carretera cerca del lago. Poco después, una fotografía tomada por Robert Kenneth Wilson —conocida como la *"fotografía del cirujano"*— pareció mostrar a un animal de largo cuello deslizándose por el agua. Aunque más tarde se reveló que era un fraude, la imagen consolidó a Nessie en la cultura popular.

Con los años,

innumerables expediciones han intentado descubrir la verdad. Se han utilizado escáneres de sonar, cámaras submarinas e incluso estudios de ADN, pero ninguno ha podido demostrar de manera concluyente la existencia del monstruo. Las explicaciones para los avistamientos varían: desde animales mal identificados, como focas o esturiones, hasta fenómenos naturales como olas o troncos sumergidos.

A pesar de la falta de pruebas concretas, Nessie sigue cautivando la imaginación en todo el mundo. El monstruo del lago Ness se ha convertido en un símbolo de asombro y de lo desconocido, atrayendo a turistas, criptozoólogos y escépticos por igual a las Tierras Altas escocesas.

Sea una criatura real, un producto de la imaginación o una ingeniosa estrategia de promoción, la leyenda de Nessie perdura, recordándonos el amor humano por el misterio y la posibilidad de que aún haya más por descubrir en las profundidades de nuestro mundo.

EL MISTERIO DE KASPAR HAUSER

El 26 de mayo de 1828, un misterioso adolescente apareció en Núremberg, Alemania, dando origen a uno de los enigmas más desconcertantes del siglo XIX. El joven, que se hacía llamar Kaspar Hauser, apenas podía hablar o caminar y llevaba consigo una carta dirigida a un oficial militar local. En ella se afirmaba que había sido criado en aislamiento y que deseaba servir en el ejército.

Cuando fue interrogado, la historia de Hauser resultó aún más extraña. Aseguró haber pasado la mayor parte de su vida encerrado en una celda oscura, alimentado solo con pan y agua, sin contacto humano alguno. No sabía nada del mundo exterior hasta poco antes de llegar a Núremberg.

La repentina aparición de Hauser y su extraño comportamiento fascinaron al público, convirtiéndolo en una sensación inmediata. Muchos especularon que era de ascendencia noble, posiblemente el legítimo heredero del Gran Ducado de Baden, ocultado para asegurar el trono a otro. Otros creían que su historia era un fraude o que padecía una enfermedad mental.

El misterio se profundizó en 1833, cuando Hauser fue hallado con una herida fatal de arma blanca. Antes de morir, afirmó haber sido atacado por un desconocido que le entregó una bolsa con una nota críptica. El autor de la nota se atribuía la responsabilidad de su crianza, pero no ofrecía más explicaciones. Sin embargo, las inconsistencias en el relato llevaron a algunos a sospechar que el propio Hauser se había infligido la herida, quizás en un desesperado intento por llamar la atención.

Hasta el día de hoy, la verdadera identidad y origen de Kaspar Hauser siguen sin resolverse. Ya fuera una víctima trágica o un hábil impostor, su historia continúa intrigando y desconcertando, dejándonos con los secretos que llevó consigo a la tumba.

LA ALDEA DESAPARECIDA DEL LAGO ANJIKUNI

En lo profundo de la naturaleza salvaje del norte de Canadá se encuentra uno de los misterios más extraños y escalofriantes de la historia del país: la desaparición de una aldea inuit cerca del lago Anjikuni. El suceso, ocurrido supuestamente en 1930, ha desconcertado a investigadores e inspirado inquietantes relatos de lo inexplicable.

Un trampero llamado Joe Labelle, conocedor de la región, llegó a la aldea esperando encontrar a su activa comunidad. En cambio, la halló inquietantemente desierta. Las chozas y los kayaks estaban intactos, la comida había quedado sobre fuegos apagados y las pertenencias personales seguían en su sitio, como si los habitantes se hubieran desvanecido en plena rutina diaria.

Más perturbador aún fue lo que Labelle afirmó haber visto: las tumbas de los difuntos del poblado habían sido vaciadas, sus marcas retiradas y sin rastro de los restos. Incluso los perros de trineo —vitales para la supervivencia inuit— fueron encontrados muertos, congelados y famélicos, a pesar de que había abundante comida disponible.

Labelle dio aviso a la Real Policía Montada de Canadá, que inició una investigación, pero no encontró respuestas concluyentes. Las teorías sobre la desaparición iban desde la hambruna o una reubicación forzada hasta fuerzas sobrenaturales, abducciones extraterrestres o espíritus malignos del folclore inuit. Sin embargo, algunos escépticos ponen en duda que el incidente ocurriera realmente, señalando la ausencia de registros contemporáneos.

Cierta o no, la leyenda de la aldea desaparecida del lago Anjikuni ha perdurado, convirtiéndose en un relato favorito entre los entusiastas de lo paranormal. Es un recordatorio inquietante de los vastos territorios inexplorados del mundo y de los misterios que esconden, donde la línea entre la realidad y el folclore suele desdibujarse.

LA MALDICIÓN DEL TRIÁNGULO DE LAS BERMUDAS

El Triángulo de las Bermudas, una región delimitada aproximadamente entre Miami, Bermudas y Puerto Rico, ha ganado fama como una zona misteriosa donde barcos y aviones parecen desaparecer sin dejar rastro. A lo largo de los años, el Triángulo se ha vinculado con innumerables desapariciones, ganándose apodos como el *"Triángulo del Diablo"*.

Uno de los primeros y más famosos incidentes ocurrió en 1945, cuando el Vuelo 19 —un grupo de cinco bombarderos de la Marina estadounidense en misión de entrenamiento— desapareció. Los pilotos reportaron fallos en las brújulas y desorientación antes de perder toda comunicación. Un avión de rescate enviado a buscarlos también desapareció,

alimentando la siniestra reputación del área. Desde entonces, historias de barcos fantasmas, instrumentos que fallan y restos inexplicables han reforzado la leyenda.

Las teorías para explicar el Triángulo de las Bermudas van desde lo científico hasta lo fantástico. Las explicaciones naturales incluyen anomalías magnéticas, erupciones de gas metano, olas gigantes y patrones climáticos extremos. Otros sugieren causas sobrenaturales, como actividad extraterrestre, portales temporales o vestigios de la ciudad perdida de Atlántida.

Los escépticos, por su parte, sostienen que la reputación del Triángulo está exagerada, señalando que el número de desapariciones no es inusualmente alto para una zona tan transitada. También destacan la tendencia de las leyendas a eclipsar explicaciones más simples, como errores humanos o fallas mecánicas.

Aun con estos argumentos racionales, el Triángulo de las Bermudas sigue cautivando la imaginación. Su misterio perdurable simboliza la fascinación humana por lo desconocido y nos recuerda que el océano, vasto e impredecible, aún guarda secretos más allá de nuestra comprensión.

LA OPERACIÓN MINCEMEAT: EL HOMBRE QUE NO ESTABA ALLÍ

Durante la Segunda Guerra Mundial, los Aliados llevaron a cabo uno de los planes de engaño más ingeniosos de la historia, con nombre en clave *Operación Mincemeat*. La misión consistía en plantar información falsa en un cadáver y engañar a la Alemania nazi para que desviara sus fuerzas: una estrategia tan audaz como efectiva.

El plan se centró en crear una identidad ficticia para el cuerpo. La inteligencia británica obtuvo el cadáver de un hombre sin hogar que había muerto de neumonía y lo presentó como el "mayor William Martin" de la Marina Real. Le colocaron documentos falsos que sugerían que los Aliados planeaban invadir Grecia y Cerdeña, en lugar de su verdadero objeti-

vo: Sicilia.

En abril de 1943, un submarino británico soltó el cuerpo frente a las costas de España, donde fue hallado por las autoridades locales. Sabiendo que el gobierno español mantenía vínculos con los nazis, los agentes británicos se aseguraron de que los documentos llegaran a manos alemanas.

El engaño funcionó a la perfección. Las fuerzas alemanas se reubicaron para defender Grecia y Cerdeña, dejando a Sicilia vulnerable. Cuando los Aliados lanzaron su invasión en julio de 1943, encontraron mucha menos resistencia, lo que marcó un momento decisivo en la guerra.

La *Operación Mincemeat* es recordada como una obra maestra del espionaje, que combinó planificación meticulosa, creatividad y manipulación psicológica. La misión fue inmortalizada en libros y películas, consolidando su lugar como uno de los engaños militares más audaces y exitosos de la historia.

La historia de la *Operación Mincemeat* pone de relieve el poder del engaño en la guerra, donde una sola mentira cuidadosamente construida puede cambiar el curso de la historia.

EL MISTERIO DE STONEHENGE

Elevándose en la llanura de Salisbury, en Inglaterra, Stonehenge es uno de los monumentos más icónicos y enigmáticos del mundo. Compuesto por enormes piedras dispuestas en formación circular, este sitio prehistórico ha desconcertado a arqueólogos e historiadores durante siglos. Quién lo construyó, cómo y con qué propósito son preguntas que aún nos intrigan.

La construcción de Stonehenge comenzó alrededor del 3000 a. C. y se desarrolló a lo largo de varios milenios. Las piedras más grandes, conocidas como *sarsens*, pesan hasta 25 toneladas cada una y fueron transportadas desde más de 30 kilómetros de distancia. Aún más asombroso, las piedras más pequeñas, llamadas *bluestones*, provinieron de Gales, a unos 240 kilómetros. Los métodos empleados para mover estos colosos sin herramientas ni maquinaria modernas siguen

siendo objeto de debate.

El propósito de Stonehenge es igualmente misterioso. Algunas teorías sugieren que fue un sitio funerario, respaldadas por el hallazgo de restos humanos en las cercanías. Otros proponen que servía como calendario astronómico, alineado con los solsticios para marcar eventos estacionales importantes. Su orientación hacia cuerpos celestes demuestra un profundo conocimiento de la astronomía por parte de sus constructores.

Ideas más especulativas lo relacionan con rituales antiguos, ceremonias druídicas o incluso con intervención extraterrestre. Aunque estas teorías encienden la imaginación, no existe evidencia concluyente que las respalde.

En los últimos años, técnicas arqueológicas avanzadas han revelado nuevos datos, incluidos asentamientos cercanos y estructuras similares. Sin embargo, la historia completa de Stonehenge sigue siendo esquiva.

Este antiguo monumento permanece como un testimonio de la ingeniosidad humana y del atractivo perdurable de lo desconocido. Stonehenge continúa atrayendo a millones de visitantes cada año, invitándolos a maravillarse con su magnitud, su misterio y los secretos que todavía guarda.

EL MILAGRO DEL SOL: LAS APARICIONES DE FÁTIMA

El 13 de octubre de 1917, decenas de miles de personas se reunieron en la pequeña localidad portuguesa de Fátima para presenciar lo que se convertiría en uno de los acontecimientos religiosos más famosos del siglo XX: el *milagro del sol*. El fenómeno ocurrió tras meses de relatos de tres niños pastores —Lucía, Francisco y Jacinta— que afirmaban haber visto apariciones de la Virgen María.

Según los niños, la Virgen se les había aparecido en varias ocasiones, transmitiéndoles mensajes de oración, penitencia y advertencias sobre eventos mundiales. Les prometió una señal para el 13 de octubre que convencería a los escépticos de su presencia. La noticia se difundió y una multitud de creyentes, incrédulos y periodistas se congregó en el campo de Cova da Iria, soportando la lluvia y el barro.

Lo que ocurrió después sigue siendo motivo de intenso debate. Testigos aseguraron que la lluvia cesó de repente y las nubes se abrieron para revelar el sol, que parecía girar, cambiar de colores y zigzaguear por el cielo. Algunos describieron cómo el sol parecía precipitarse hacia la Tierra, provocando pánico en la multitud. Otros afirmaron que su ropa, empapada minutos antes, quedó inexplicablemente seca al final del evento.

Los escépticos atribuyen el fenómeno a histeria colectiva, ilusiones ópticas o condiciones meteorológicas. Científicos argumentan que mirar fijamente al sol puede causar distorsiones visuales temporales, mientras que otros descartan el episodio como un engaño o una exageración. Sin embargo, muchos de los presentes estaban convencidos de haber presenciado un milagro divino.

La Iglesia Católica reconoció más tarde las apariciones de Fátima como auténticas, y el lugar se convirtió en un importante destino de peregrinación. El *milagro del sol* sigue siendo un poderoso símbolo de fe para millones de personas, uniendo devoción religiosa con uno de los sucesos más enigmáticos de la historia.

LA MALDICIÓN DE ÖTZI, EL HOMBRE DE HIELO

En 1991, unos excursionistas en los Alpes, cerca de la frontera entre Austria e Italia, descubrieron una momia sorprendentemente bien conservada dentro del hielo. Apodado Ötzi, el hombre de hielo resultó tener más de 5,000 años de antigüedad, convirtiéndose en una de las momias más antiguas y mejor preservadas jamás halladas. Sin embargo, junto con los extraordinarios descubrimientos científicos en torno a Ötzi, comenzó a circular una inquietante leyenda: la maldición del hombre de hielo.

Desde su hallazgo, varias personas vinculadas a él han muerto en circunstancias inusuales o trágicas. Uno de los primeros fue el patólogo forense Rainer Henn, quien manipuló el cuerpo de Ötzi con las manos descubiertas y murió en un accidente automovilístico camino a una conferencia sobre el hallazgo.

Poco después, el montañista Kurt Fritz, que ayudó a guiar a los científicos hasta la ubicación de Ötzi, falleció en una avalancha. Más tarde, Helmut Simon, uno de los excursionistas que descubrieron la momia, murió en una tormenta de nieve mientras caminaba en la misma región.

Con los años, más muertes se atribuyeron a la supuesta maldición, entre ellas la del arqueólogo Konrad Spindler, primer estudioso de Ötzi, y la del periodista Rainer Hölz, quien filmó la recuperación del cuerpo. Aunque muchas de estas muertes pueden explicarse como coincidencias, la cadena de tragedias alimentó la especulación sobre si perturbar el lugar de descanso de Ötzi desató una fuerza sobrenatural.

Los escépticos sostienen que las muertes no guardan relación y son estadísticamente insignificantes, considerando la gran cantidad de personas involucradas en el descubrimiento y estudio de la momia. Mientras tanto, los científicos continúan investigando a Ötzi, revelando detalles sobre la vida prehistórica, como su dieta, sus herramientas e incluso su causa de muerte: una violenta herida de flecha.

La leyenda de la maldición de Ötzi perdura, mezclando misterio ancestral con intriga moderna. Ya sea coincidencia o advertencia, la historia del hombre de hielo sigue cautivando y desconcertando al mundo.

EL MISTERIO DEL BOSQUE DANZANTE

En un rincón remoto de la región rusa de Kaliningrado se encuentra una maravilla natural tan peculiar como enigmática: el *bosque danzante*. Este bosque de pinos, ubicado dentro del Parque Nacional del Istmo de Curlandia, ha desconcertado durante décadas a científicos y visitantes. A diferencia de los árboles comunes, los troncos aquí se retuercen y enroscan en formas extrañas —bucles, espirales y curvas— que crean un espectáculo casi de otro mundo.

La inusual apariencia del bosque ha dado lugar a numerosas teorías. Algunos científicos la atribuyen a una rara mutación genética o a la inestabilidad del suelo arenoso, que obligaría a los árboles a crecer de manera irregular para buscar estabilidad. Otros sugieren que podría deberse a patrones de

viento o al ataque de plagas que deformaron los troncos durante su crecimiento.

Más allá de las explicaciones científicas, el bosque danzante ha inspirado leyendas y lecturas místicas. Historias locales aseguran que el lugar está encantado, con árboles retorcidos que representan espíritus atrapados o fuerzas sobrenaturales en acción. También hay quienes creen que la zona concentra campos de energía únicos, atrayendo a buscadores espirituales que afirman sentir vibraciones misteriosas al recorrerla.

El misterio no termina allí: formaciones arbóreas similares se han encontrado en otros lugares del mundo, como el *bosque torcido* de Polonia, lo que hace aún más profunda la incógnita.

A pesar de que no existe una explicación definitiva, el bosque danzante sigue atrayendo a visitantes de todo el mundo, deseosos de contemplar su belleza surrealista. Ya sea una anomalía natural, un enigma científico o una puerta a lo místico, este bosque nos recuerda la capacidad de la naturaleza para sorprendernos y despertar nuestra admiración.

EL ENIGMA DEL ZUMBIDO DE TAOS

En el pequeño pueblo de Taos, Nuevo México, un sonido extraño y persistente ha desconcertado a residentes y científicos durante décadas. Conocido como el *zumbido de Taos*, este ruido de baja frecuencia se describe como un murmullo o retumbo lejano, parecido al motor diésel de un camión distante. Mientras algunos lo escuchan con claridad, otros permanecen completamente ajenos, lo que añade otra capa de misterio al fenómeno.

El zumbido de Taos alcanzó notoriedad a principios de la década de 1990, cuando los vecinos comenzaron a reportarlo a las autoridades locales. A pesar de numerosas investigaciones —incluidos estudios de científicos e ingenieros—, nunca se ha identificado de manera concluyente su origen. Lo más desconcertante es que, según los testimonios, el sonido suele

percibirse más en interiores y se vuelve menos audible en exteriores.

Se han propuesto varias teorías. Algunos sugieren que podría deberse a maquinaria industrial, actividad geológica natural o ondas electromagnéticas de baja frecuencia. Otros lo relacionan con el tinnitus, un trastorno del oído. Sin embargo, estas explicaciones no logran aclarar por qué solo un grupo reducido de personas puede escucharlo.

Las ideas más especulativas se adentran en el terreno de la conspiración, atribuyendo el zumbido a proyectos militares secretos, actividad extraterrestre o incluso a fenómenos de sugestión colectiva. Ninguna de estas teorías, sin embargo, ha aportado pruebas concluyentes.

El zumbido de Taos sigue siendo un enigma sin resolver, que ha atraído a visitantes curiosos, investigadores del sonido y entusiastas de lo paranormal. Ya sea un fenómeno natural, una anomalía causada por el ser humano o algo aún inexplicable, el zumbido continúa intrigando y frustrando, dejándonos con más preguntas que respuestas.

EL MISTERIO DE LA SEÑAL WOW!

E l 15 de agosto de 1977, un potente e inexplicable pulso de radio fue detectado por el astrónomo Jerry R. Ehman mientras trabajaba en un proyecto SETI (*Search for Extraterrestrial Intelligence*) en la Universidad Estatal de Ohio. La señal, que parecía provenir de la constelación de Sagitario, duró 72 segundos y fue tan inusual que Ehman escribió la palabra "Wow!" en el margen de la impresión de datos, dando así nombre al famoso suceso.

La señal destacó por su intensidad y por su estrecho ancho de banda, características propias de una transmisión que no suele producirse de manera natural en el espacio. Además, procedía de una región del cielo donde no existen estrellas ni planetas conocidos capaces de generar tal emisión, lo que aumentó el misterio. Pese a numerosos intentos de volver a

detectarla, la señal nunca se repitió, profundizando aún más el enigma.

Las teorías sobre su origen van desde fenómenos naturales —como un cometa o una nube de hidrógeno interestelar— hasta hipótesis más especulativas, como un posible mensaje de vida extraterrestre. En 2017, un investigador propuso que podría haberse tratado de una nube de hidrógeno asociada a un cometa, pero esta explicación no ha sido aceptada de forma unánime.

Los científicos de SETI llevan décadas buscando signos de vida inteligente en el universo, y la señal Wow! sigue siendo una de las pruebas más intrigantes hasta la fecha. Sin embargo, su carácter transitorio y la ausencia de detecciones posteriores hacen imposible confirmar su origen.

La señal Wow! continúa inspirando debates, investigaciones e incluso obras artísticas, simbolizando la búsqueda humana de respuesta a una de nuestras preguntas más profundas: ¿estamos solos en el universo? Hasta que aparezca otra señal semejante, la Wow! seguirá siendo un enigmático susurro del cosmos.

LA LEYENDA DEL DESTELLO VERDE

Durante siglos, marineros y observadores del cielo han susurrado historias sobre el esquivo *destello verde*, un fenómeno que ocurre justo en el momento en que el sol se pone o amanece. Quienes han tenido la suerte de verlo lo describen como un fugaz resplandor esmeralda en el horizonte —un instante tan breve que a menudo se descarta como mito. Pero el destello verde es real, aunque raro, y está impregnado tanto de ciencia como de leyenda.

El fenómeno ocurre bajo condiciones atmosféricas específicas. Cuando el sol se encuentra cerca del horizonte, su luz atraviesa una capa más gruesa de la atmósfera terrestre. Esta refracta la luz, separándola en diferentes colores, como en un prisma. La luz verde es la última visible en refractarse

antes de que el sol desaparezca o asome, creando ese instante luminoso.

Antiguamente, los marineros creían que el destello verde era señal de buena suerte o un mensaje divino. En la cultura popular, ganó notoriedad gracias a la novela *Le Rayon Vert* (*El rayo verde*) de Jules Verne, publicada en 1882, donde simboliza claridad y verdad. Algunos incluso sostienen que presenciarlo otorga sabiduría o la capacidad de comprender los verdaderos sentimientos de uno mismo.

La rareza del destello verde aumenta su misticismo. Se necesitan cielos despejados, un horizonte bajo y plano —como el del mar— y una sincronización perfecta para poder verlo. Incluso entonces, dura apenas uno o dos segundos, dejando a muchos dudando de lo que vieron.

Ya sea como curiosidad científica o como símbolo de belleza efímera, el destello verde sigue cautivando la imaginación. Es un recordatorio de las maravillas ocultas en los ciclos ordinarios de la naturaleza, esperando a ser descubiertas por quienes saben observar.

LA MALDICIÓN DE LA CASA MISTERIOSA WINCHESTER

En San José, California, se alza una de las maravillas arquitectónicas más peculiares de Estados Unidos: la *Casa Misteriosa Winchester*. Construida por Sarah Winchester, heredera de la fortuna de los rifles Winchester, la inmensa mansión es famosa por su diseño extraño y por las inquietantes leyendas que la rodean.

La historia comienza en 1881, cuando el esposo y la hija pequeña de Sarah murieron, dejándola sumida en el dolor. Según la leyenda, un médium le dijo que su familia estaba maldita por los espíritus de quienes habían muerto a causa de los rifles Winchester. Para apaciguar a esas almas, debía construir una casa... y nunca dejar de hacerlo.

Durante los siguientes 38 años, la construcción continuó día y noche. El resultado fue un laberinto con 160 habitaciones,

10,000 ventanas y 2,000 puertas, muchas de las cuales no conducen a ningún lado. Escaleras que suben hacia techos, puertas que se abren a caídas mortales y pasillos que se retuercen en todas direcciones alimentan la idea de que Sarah diseñó la casa para confundir o atrapar a los espíritus vengativos.

Aun así, las verdaderas motivaciones de Sarah Winchester siguen siendo inciertas. Algunos creen que simplemente era excéntrica y usó el proyecto como una forma de sobrellevar su dolor. Otros sugieren que fue una diseñadora innovadora o víctima de estafadores que explotaron su riqueza.

Hoy en día, la *Casa Misteriosa Winchester* es una popular atracción turística que atrae a visitantes fascinados por su reputación embrujada y sus rarezas arquitectónicas. Ya sea producto de una maldición o de una visión única, la mansión sigue siendo testimonio de la enigmática vida de una mujer y de las historias que inventamos para explicar lo inexplicable.

LA BALLENA EXPLOSIVA DE OREGÓN

El 12 de noviembre de 1970, el pequeño pueblo costero de Florence, en Oregón, se convirtió en escenario de uno de los sucesos más extraños y explosivos de la historia. Una ballena cachalote de 14 metros de largo y 8 toneladas había aparecido varada y en descomposición, llenando el aire con un hedor insoportable. Sin saber cómo deshacerse del enorme cadáver, las autoridades locales idearon una solución insólita: dinamitarla.

La División de Carreteras de Oregón decidió que volar la ballena en pedazos sería el método más rápido y eficaz. Creían que la explosión la reduciría a fragmentos pequeños que luego serían devorados por gaviotas y otros carroñeros. Los ingenieros calcularon que media tonelada de dinamita bastaría para cumplir el objetivo.

El día de la explosión, una multitud de curiosos se reunió para presenciar el espectáculo. Cuando se detonó la dinamita, la explosión resultó mucho más poderosa de lo esperado. En lugar de dispersar trozos pequeños, enormes pedazos de grasa de ballena llovieron sobre la multitud y los vehículos cercanos. Uno de ellos aplastó por completo un coche estacionado a casi medio kilómetro de distancia, aunque, afortunadamente, nadie resultó gravemente herido.

El evento se convirtió rápidamente en una advertencia sobre el exceso de confianza y la mala planificación. Las imágenes de la explosión se difundieron en las noticias locales y, años más tarde, se hicieron virales, consolidando a la ballena explosiva como un ejemplo legendario de cómo la "ingeniosa" intervención humana puede salir desastrosamente mal.

Hoy en día, la historia de la ballena explosiva sigue siendo una de las anécdotas favoritas del folclore de Oregón, un recordatorio humorístico de que, a veces, las soluciones más simples son las mejores… y de que la naturaleza no siempre coopera con nuestros planes.

EL EJÉRCITO FANTASMA DE LA SEGUNDA GUERRA MUNDIAL

D urante la Segunda Guerra Mundial, el ejército de Estados Unidos desplegó una de sus unidades más inusuales: la 23.ª Tropas Especiales de Cuartel General, mejor conocida como el *Ejército Fantasma*. Esta unidad ultrasecreta no estaba destinada al combate directo, sino al engaño, utilizando elaboradas ilusiones para confundir a las fuerzas alemanas. Sus operaciones únicas y arriesgadas salvaron miles de vidas y jugaron un papel crucial en el éxito aliado.

El Ejército Fantasma estaba compuesto por unos 1,100 artistas, diseñadores, actores e ingenieros. Su arsenal incluía tanques y aviones inflables, efectos de sonido realistas y transmisiones de radio falsas. Al combinar estos elementos, la unidad podía crear la ilusión de divisiones enteras donde en realidad no

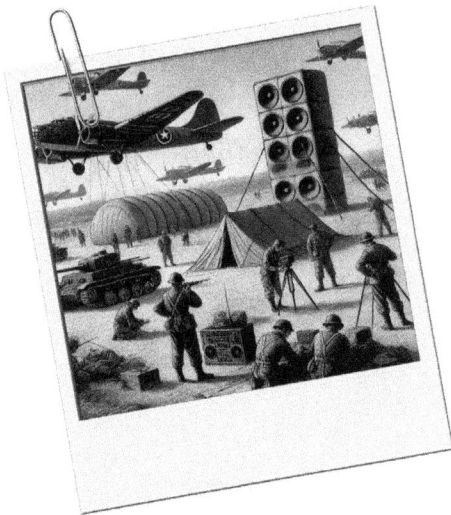

había ninguna. Por ejemplo, usaban enormes altavoces para reproducir sonidos de movimientos de tropas, tanques y artillería a kilómetros de distancia, convenciendo al enemigo de una gran presencia aliada.

Una de sus operaciones más famosas tuvo lugar en 1944 durante la Batalla de las Ardenas. El Ejército Fantasma creó una fuerza ficticia lo suficientemente convincente como para desviar a las tropas alemanas lejos del verdadero avance aliado. Sus esfuerzos confundieron y retrasaron al enemigo, permitiendo que los Aliados se reagruparan y tomaran la delantera.

A pesar de sus importantes aportes, el trabajo del Ejército Fantasma permaneció clasificado durante décadas. No fue hasta la década de 1990 que su historia se hizo ampliamente conocida, y en 2013 el Congreso de Estados Unidos otorgó a la unidad la Medalla de Oro del Congreso por su servicio.

La creatividad e ingenio del *Ejército Fantasma* resaltan el poder del engaño en la guerra. Su legado es un testimonio de que las batallas pueden ganarse no solo con fuerza, sino también con astucia e imaginación.

LA BATALLA DE LOS BALLENEROS: UN MISTERIO NÁUTICO

En 1820, el ballenero estadounidense *Essex* zarpó de Nantucket en lo que debía ser una expedición rutinaria de caza de ballenas. Sin embargo, el viaje pronto se convirtió en una historia de supervivencia tan aterradora que inspiraría a Herman Melville en la creación de *Moby-Dick*.

Mientras cazaban cachalotes en el Pacífico Sur, la tripulación del *Essex* avistó una ballena enorme, de casi 26 metros de largo, que se comportaba de manera extrañamente calculada. Para horror de los marineros, el animal embistió el barco dos veces, provocando su hundimiento. La tripulación no tuvo más opción que abandonar la nave y refugiarse en tres pequeñas chalupas balleneras.

A la deriva en el vasto océano, los hombres se enfrentaron a la inanición, tormentas y una desesperación insoportable. Intentaron navegar hacia la seguridad, pero fueron desviados de su curso. Tras semanas en el mar, los víveres se agotaron y la tripulación recurrió al canibalismo: primero consumieron a los que morían de forma natural y, más tarde, llegaron a echar suertes para sacrificar a un compañero con tal de sobrevivir.

De los 20 hombres que zarparon en el *Essex*, solo ocho fueron rescatados meses después. Su espantosa odisea se convirtió en uno de los desastres marítimos más infames del siglo XIX, planteando preguntas sobre la resistencia humana y la crueldad del mar.

La historia del *Essex* es más que una tragedia náutica: es un recordatorio sobrecogedor de las fuerzas impredecibles de la naturaleza y de hasta dónde puede llegar el ser humano para sobrevivir. Permanece como uno de los relatos más estremecedores del mar, capaz de inspirar asombro y escalofríos incluso siglos después.

HY-BRASIL: LA ISLA DE LA JUVENTUD ETERNA

Durante siglos, los marineros susurraron historias sobre una isla encantada llamada Hy-Brasil, una tierra envuelta en niebla que, según la leyenda, solo aparecía una vez cada siete años. Ubicada en algún lugar frente a la costa occidental de Irlanda, Hy-Brasil se creía un paraíso: un lugar de juventud eterna, riquezas y conocimiento avanzado.

Los primeros mapas, desde el siglo XIV hasta el XVII, incluían a Hy-Brasil, a menudo representada como una isla circular dividida por un río. Inspirados por relatos de esta utopía mágica, muchos exploradores partieron en su búsqueda. Algunos aseguraban haber visto sus costas, mientras que otros juraban haber pisado la isla y encontrado una misteriosa civilización.

Uno de los relatos más famosos provino

de John Nisbet, un marinero de la década de 1670. Afirmó que su tripulación fue envuelta por una densa niebla y que, al despejarse, se encontraron en Hy-Brasil. Según Nisbet, sus habitantes eran seres de gran inteligencia que otorgaron conocimientos y regalos a los visitantes antes de despedirlos. Pese a su historia, nunca se hallaron pruebas concretas de la existencia de la isla.

En tiempos modernos, Hy-Brasil ha sido vinculada al folclore ovni. En 1980, un oficial de inteligencia militar británico afirmó que las coordenadas de una señal misteriosa coincidían con la supuesta ubicación de la isla mítica. Algunos especulan que Hy-Brasil podría haber sido una visión distorsionada de islas reales o incluso una antigua alegoría de un sueño inalcanzable.

Ya sea un paraíso legendario, un error cartográfico o un misterio tentador, Hy-Brasil sigue cautivando la imaginación: un faro brillante de lo que quizá se esconde justo más allá del horizonte.

LA MUERTE DE RASPUTÍN: EL MONJE QUE DESAFIABA AL DESTINO

G rigori Rasputín, el místico sanador y confidente de la última familia imperial rusa, vivió una vida envuelta en misterio. Pero fue su muerte la que se convirtió en leyenda.

Hacia 1916, Rasputín había acumulado numerosos enemigos en San Petersburgo debido a su influencia sobre el zar Nicolás II y la zarina Alejandra. Temiendo que estuviera llevando al imperio a la ruina, un grupo de nobles encabezados por el príncipe Félix Yusúpov decidió asesinarlo.

Sin embargo, según la historia, Rasputín no cayó fácilmente.

La noche del 29 de diciembre, los conspiradores lo atrajeron al palacio de Yusúpov con el pretexto de una reunión social. Allí le sirvieron pasteles y vino envenenados con cianuro. Sorprendentemente, el veneno pareció no afectarle. Desesperado, Yusúpov tomó una pistola y le disparó en el pecho, dejándolo por muerto. Horas más tarde, Rasputín supuestamente revivió y salió tambaleándose al patio nevado.

Decididos a acabar con él, los asesinos le dispararon nuevamente y luego lo golpearon brutalmente. Finalmente, lo ataron y lo arrojaron al helado río Nevá. Cuando se recuperó su cuerpo, sus manos estaban extendidas como si hubiera intentado abrirse paso hacia la superficie.

Aunque los historiadores modernos ponen en duda la exactitud de estos detalles, la muerte de Rasputín consolidó su reputación como "el monje loco" que desafiaba la lógica y a la propia muerte. Su asesinato marcó el principio del fin de la dinastía Romanov, sumiendo a Rusia en un mayor caos y en la revolución.

Ya fuera un místico, un manipulador o un hombre incomprendido, lo cierto es que su vida y su muerte siguen siendo uno de los relatos más enigmáticos y sobrecogedores de la historia.

NOOR INAYAT KHAN: LA VALENTÍA SILENCIOSA DE UNA ESPÍA

Durante la Segunda Guerra Mundial, una de las espías más valientes de Gran Bretaña fue una mujer de voz suave llamada Noor Inayat Khan. Hija de un místico sufí indio y de una madre estadounidense, Noor parecía una candidata improbable para el espionaje. Sin embargo, se convirtió en una figura clave de la Resistencia Francesa contra la ocupación nazi.

En 1942, Noor se unió a la *Special Operations Executive* (SOE) británica, una organización secreta que entrenaba agentes para realizar sabotajes y operaciones encubiertas tras las líneas enemigas. A pesar de su carácter apacible y de su crianza pacifista, rápidamente se destacó como una de sus más hábiles operadoras de radio.

En 1943 fue enviada a París bajo el nombre en clave de "Madeleine". Su misión: transmitir inteligencia crucial a los Aliados. La tarea era extremadamente peligrosa, pues los nazis eran expertos en rastrear señales de radio. Muchos agentes no sobrevivían más que unas pocas semanas, pero Noor logró evadir la captura durante meses, enviando incansablemente mensajes encriptados que ayudaron a coordinar los esfuerzos de la Resistencia.

Lamentablemente, Noor fue traicionada por un informante. Capturada por la Gestapo, fue sometida a brutales interrogatorios. A pesar de la tortura, se negó a revelar información alguna, protegiendo hasta el final a sus compañeros.

En 1944, Noor fue ejecutada en el campo de concentración de Dachau. Su última palabra, según los informes, fue "Liberté".

El valor y la resiliencia de Noor Inayat Khan siguen siendo una inspiración. Fue condecorada póstumamente con la Cruz de Jorge, una de las más altas distinciones civiles de Gran Bretaña, y con la Cruz de Guerra francesa. Su historia nos recuerda que el coraje adopta muchas formas, y que incluso las almas más gentiles pueden dejar el impacto más profundo.

LA CIUDAD OLVIDADA BAJO LAS OLAS: PAVLOPETRI

Bajo las aguas turquesa de la costa sur de Grecia yace Pavlopetri, una de las ciudades sumergidas más antiguas del mundo. Descubierta en 1967, esta maravilla de la Edad de Bronce tiene más de 5,000 años de antigüedad y ofrece una visión extraordinaria de una civilización perdida en el tiempo.

A diferencia de la mítica Atlántida, Pavlopetri es muy real. Los arqueólogos hallaron calles, casas, patios e incluso lo que parece ser un sistema de drenaje, algo insólito para su época. El trazado de la ciudad sugiere una avanzada planificación urbana, con evidencias de comercio y vida cotidiana grabadas en el lecho marino.

¿Cómo terminó un asentamiento tan próspero bajo el agua? La mayoría de los expertos cree que una serie de terremotos y el aumento del nivel

del mar hicieron que la ciudad se hundiera alrededor del año 1000 a. C. A pesar de su tumba acuática, Pavlopetri se ha conservado de manera sorprendente, protegida por capas de arena y sedimentos.

La tecnología moderna ha revelado aún más secretos. Gracias al mapeo en 3D y a drones submarinos, los investigadores han descubierto cerámicas, herramientas y otros artefactos que apuntan a una intensa red comercial. Los hallazgos sugieren que Pavlopetri fue un importante centro en el mundo antiguo, conectando culturas a lo largo del Mediterráneo.

Lo que hace tan fascinante a Pavlopetri no es solo su antigüedad, sino las historias que cuenta sobre quienes la habitaron. Desde pescadores remendando redes hasta comerciantes intercambiando bienes, la vida en Pavlopetri probablemente no era tan distinta de la nuestra… hasta que el mar la reclamó.

Hoy, Pavlopetri sigue siendo un recordatorio sobrecogedor del poder de la naturaleza y un tesoro para la arqueología. Mientras las olas golpean suavemente sobre sus ruinas, la ciudad susurra en silencio la historia de un mundo que el tiempo casi olvidó.

EL GATO DE SCHRÖDINGER: EL HOMBRE EN UNA PARADOJA

Pocos experimentos mentales han capturado la imaginación popular como el gato de Schrödinger. Ideado en 1935 por el físico austríaco Erwin Schrödinger, este ejercicio pretendía resaltar las extrañas implicaciones de la mecánica cuántica. Lo que comenzó como una crítica se convirtió en uno de los símbolos más icónicos y desconcertantes de la ciencia.

La idea es la siguiente: imagina un gato dentro de una caja sellada. En su interior hay un contador Geiger, un átomo radiactivo, un frasco de veneno y un martillo. Si el átomo se desintegra —un evento cuántico aleatorio—, el contador lo detecta y activa el martillo, que rompe el frasco y libera el veneno, matando al gato. Si el átomo no se desintegra, el gato

sigue vivo.

Aquí surge la paradoja: hasta que alguien abra la caja para observar lo ocurrido, el gato existe en un estado de superposición cuántica —está vivo y muerto al mismo tiempo. Este extraño concepto proviene de la idea de que, a nivel cuántico, las partículas pueden existir en múltiples estados hasta que son observadas.

Schrödinger propuso este experimento para criticar la interpretación de Copenhague de la mecánica cuántica, la cual sugería que la realidad solo se definía al ser medida. Para Schrödinger, aplicar este razonamiento a objetos cotidianos (como un gato) revelaba lo absurdo de tal noción.

Aunque el gato de Schrödinger nunca estuvo destinado a tomarse de forma literal, se ha convertido en una metáfora poderosa de los misterios de la mecánica cuántica. Su paradoja sigue alimentando debates entre físicos y filósofos, ilustrando la extraña intersección entre ciencia y percepción.

Así, la próxima vez que reflexiones sobre los misterios de la vida, recuerda al gato de Schrödinger: un experimento mental que dejó al mundo preguntándose si la realidad misma depende de quien la observa.

PENDLE HILL: LA TRAGEDIA DE LOS JUICIOS DE BRUJAS EN INGLATERRA

En 1612, un pequeño pueblo de Lancashire, Inglaterra, se convirtió en el epicentro de uno de los juicios de brujas más infames de la historia británica. Conocidos como los Juicios de las Brujas de Pendle, doce personas fueron acusadas de brujería, lo que llevó a ejecuciones que atormentarían a la región durante siglos.

La historia comienza con una joven llamada Alizon Device, quien maldijo a un buhonero después de que este se negara a darle unos alfileres. Poco después, el hombre sufrió un derrame, lo que desató rumores de que Alizon lo había embrujado. Las acusaciones se multiplicaron rápidamente, implicando a su familia y a varios vecinos, muchos de los cuales ya eran vistos como marginados o problemáticos.

Los acusados fueron arrestados y encarcelados en el castillo de Lancaster. Las pruebas eran escasas pero contundentes a los ojos de la época, basadas en rumores o confesiones obtenidas bajo presión. Uno de los testimonios más impactantes fue el de Jennet Device, una niña de nueve años, que declaró contra su propia familia, sellando así su destino.

En agosto de 1612, el juicio culminó con la ejecución de diez personas, ahorcadas por crímenes que probablemente nunca cometieron. El destino de las brujas de Pendle se convirtió en un ejemplo escalofriante de cómo el miedo y la superstición podían descontrolarse y destrozar comunidades enteras.

Pero la historia no termina ahí. Pendle Hill sigue rodeada de misterio, atrayendo a cazadores de fantasmas y visitantes curiosos. Muchos afirman sentir una presencia siniestra o escuchar los susurros de los injustamente condenados. El legado de los juicios perdura como recordatorio de los impulsos más oscuros de la humanidad y de las devastadoras consecuencias de la histeria colectiva.

Hoy, los Juicios de las Brujas de Pendle se erigen como una advertencia: una reflexión sobre los peligros de señalar culpables y el poder destructivo del miedo.

LA CÁMARA DE ÁMBAR: UN TESORO PERDIDO EN EL TIEMPO

Imagina una sala tan magnífica que brillaba como el oro, adornada con paneles de ámbar, molduras doradas y espejos que reflejaban un resplandor deslumbrante. Esta era la Cámara de Ámbar, a menudo llamada la "Octava Maravilla del Mundo". Creada en 1701, esta obra maestra fue un regalo del rey prusiano Federico Guillermo I a Pedro el Grande de Rusia, como símbolo de amistad entre ambas naciones.

La Cámara de Ámbar se encontraba en el Palacio de Catalina, cerca de San Petersburgo, donde maravilló a los visitantes durante más de dos siglos. Pero su historia tomó un giro oscuro durante la Segunda Guerra Mundial. En 1941, las fuerzas nazis invadieron la Unión Soviética y saquearon la Cámara

de Ámbar. A pesar de los intentos por ocultarla, los nazis desmantelaron el tesoro y lo trasladaron al Castillo de Königsberg, en Alemania. Después, desapareció.

Al finalizar la guerra y con los Aliados acercándose, la Cámara de Ámbar pareció esfumarse sin dejar rastro. ¿Fue destruida por los bombardeos aliados? ¿Ocultada en un búnker secreto o sacada en secreto por funcionarios nazis? Hasta hoy, su destino sigue siendo uno de los mayores misterios sin resolver de la Segunda Guerra Mundial.

A lo largo de los años, cazadores de tesoros, historiadores y teóricos de la conspiración han rastreado Europa en busca de la Cámara de Ámbar, alentados por rumores y supuestas pistas. En 2003, Rusia presentó una reconstrucción meticulosa de la sala, pero la original sigue sin aparecer.

La desaparición de la Cámara de Ámbar ha cautivado la imaginación durante décadas, combinando historia, arte e intriga en un relato tan luminoso como el propio ámbar. Ya sea que repose bajo un castillo olvidado o en el fondo de un naufragio en el mar Báltico, la leyenda de la Cámara de Ámbar continúa brillando intensamente en los anales del misterio.

LA FORTUNA DESAPARECIDA DE FORREST FENN

En 2010, el excéntrico comerciante de arte Forrest Fenn anunció una búsqueda del tesoro como ninguna otra. Afirmó haber escondido un cofre lleno de monedas de oro, joyas y otras riquezas, valuado en más de 2 millones de dólares, en algún lugar de las Montañas Rocosas. ¿La única pista? Un poema enigmático de 24 versos incluido en sus memorias, *The Thrill of the Chase*.

La cacería del tesoro capturó la imaginación de todo el mundo. Aventureros de fin de semana, detectives aficionados y cazadores de tesoros a tiempo completo se obsesionaron con descifrar el poema. Fenn alentaba la búsqueda, insistiendo en que el cofre estaba allí afuera, esperando al más astuto… o al más valiente.

Pero la aventura no estuvo libre de controversias. Durante una década, miles recorrieron las Rocosas, muchos enfrentando riesgos extremos. Trágicamente, cinco buscadores perdieron la vida en el intento, lo que desató debates sobre la ética de semejante desafío. Críticos exigieron que Fenn revelara la ubicación para evitar más tragedias, pero él se negó, defendiendo que la misión era una prueba de ingenio y determinación.

Finalmente, en junio de 2020, Fenn anunció que el tesoro había sido encontrado. Un hombre de Míchigan había logrado resolver el enigma del poema y descubrir el cofre. Sin embargo, Fenn y el ganador decidieron mantener en secreto la ubicación y los detalles, lo que alimentó aún más la especulación y las teorías de conspiración. Algunos dudaron de que el tesoro hubiera existido realmente, mientras que otros aseguraron que había sido reclamado en secreto años antes.

Forrest Fenn falleció pocos meses después, llevándose consigo la historia completa de su enigmático tesoro. ¿Fue un acertijo elaborado que recompensaba a los aventureros o una hábil farsa diseñada para inspirar asombro? El misterio del tesoro de Fenn sigue siendo tan tentador como la propia búsqueda.

EL MISTERIO DEL HOMBRE DE SOMERTON

En diciembre de 1948, un hombre no identificado fue hallado muerto en la playa de Somerton, cerca de Adelaida, Australia. Vestía un traje elegante y zapatos lustrados, recostado contra un muro sin señales evidentes de violencia. Las autoridades quedaron desconcertadas por la ausencia total de pertenencias: no tenía billetera, documentos de identidad ni siquiera etiquetas en su ropa.

El caso dio un giro aún más extraño cuando se descubrió un diminuto trozo de papel en un bolsillo oculto de sus pantalones. En él se leía "Tamam Shud", una frase en persa que significa "terminado" o "acabado". La pista llevó a una rara edición de *El Rubaiyat* de Omar Khayyam encontrada en un coche, donde aparecía un número de teléfono incomple-

to y un código críptico escrito a mano.

El número de teléfono pertenecía a una enfermera local, quien negó conocer al hombre pero mostró una visible angustia al ver un molde de su rostro. Su posible vínculo con el caso sigue siendo objeto de especulación, al igual que la naturaleza del código, que nunca ha podido ser descifrado.

Con el paso de las décadas, las teorías han abundado: desde un espía de la Guerra Fría que usaba el código como comunicación secreta, hasta la hipótesis de un amante rechazado cuya muerte evocaba los temas de destino y fatalidad del *Rubaiyat*.

En 2021, pruebas de ADN tomadas de cabellos llevaron a una posible identificación: Carl "Charles" Webb, un ingeniero eléctrico nacido en Melbourne. Aun así, las incógnitas persisten. ¿Qué hacía Webb en Adelaida? ¿A quién debía encontrarse? ¿Y qué significado tenía aquel misterioso código?

El caso del hombre de Somerton sigue siendo uno de los enigmas más perdurables de Australia, un rompecabezas que continúa desafiando tanto a investigadores como a curiosos de todo el mundo.

EL LEGADO FANTASMAL DEL PIANISTA SILENCIOSO

A principios de 1900, un pianista llamado Dorian Green cautivó a las audiencias de Europa con sus interpretaciones de una belleza inquietante. Conocido por su habilidad casi de otro mundo, Dorian tenía una peculiaridad: jamás pronunciaba una sola palabra, ni en el escenario ni fuera de él. El público murmuraba sobre el virtuoso silencioso, cuyos dedos danzaban sobre las teclas con una precisión sobrenatural.

Pero su fama estuvo acompañada de rumores inquietantes. Tras las presentaciones de Dorian en pequeños pueblos, parecían seguirle extrañas desgracias. En uno, las cosechas se arruinaron inexplicablemente; en otro, una calle entera de casas ardió sin causa aparente. Pronto, la gente comenzó a especular que Dorian llevaba consigo una mal-

dición, que su música era tanto un don como un presagio de fatalidad.

El misterio se profundizó cuando, en 1913, Dorian desapareció de repente después de un concierto en Viena. No dejó despedidas ni rastros, solo su piano, abandonado en la sala de conciertos. Las autoridades lo buscaron, pero nunca volvió a ser visto.

La intriga no terminó ahí. Décadas más tarde, el piano de Dorian apareció en una colección privada, y quienes lo tocaron afirmaron escuchar susurros en el silencio entre las notas. Un pianista juró haber visto una figura sombría en un espejo mientras practicaba con él. Otros aseguraron que las teclas se movían solas, como si fueran impulsadas por manos invisibles.

Los historiadores modernos han intentado reconstruir la historia de Dorian Green, pero sus orígenes siguen siendo un enigma. ¿Fue simplemente un prodigio amante del misterio, o algo más? La vida del pianista maldito resulta tan enigmática como su música, dejando un legado fantasmal que perdura en susurros y melodías espectrales.

El relato de Dorian Green nos recuerda que incluso el arte más hermoso puede llevar consigo una sombra, un misterio que permanece mucho después de que la música se detiene.

BERMEJA: LA ISLA QUE DESAPARECIÓ

En el Golfo de México, los mapas del siglo XVI mostraban una curiosa islita llamada Bermeja. Descrita como una pequeña porción de tierra rojiza, Bermeja apareció en numerosos mapas a lo largo de los siglos. Pero aquí comienza lo extraño: para el siglo XX, Bermeja había desaparecido sin dejar rastro.

Durante la década de 1990, las autoridades mexicanas emprendieron una búsqueda desesperada de la isla. ¿La razón? Bermeja resultaba crucial para definir la zona económica exclusiva de México, un área rica en reservas

de petróleo y gas. Si la isla existía, los reclamos territoriales del país se expandirían considerablemente. Sin embargo, a pesar de contar con tecnología avanzada, sobrevuelos y exhaustivas expediciones, no se encontró ni un solo indicio de Bermeja.

¿Qué ocurrió entonces? Algunos sostienen que quizás nunca existió, y que todo fue un error cartográfico repetido durante generaciones. Otros creen que la isla pudo haberse hundido a causa de fenómenos naturales como un terremoto o el aumento del nivel del mar. Pero las teorías más inquietantes sugieren algo más: que Bermeja fue destruida deliberadamente—tal vez bombardeada por un gobierno extranjero o borrada de los registros para impedir que México ampliara su territorio rico en petróleo.

Ni siquiera los satélites modernos han logrado dar una respuesta definitiva. Las coordenadas donde debería estar la isla muestran solo agua abierta.

El misterio de Bermeja sigue sin resolverse. ¿Fue un error de los cartógrafos, una víctima de la naturaleza, o el centro de un encubrimiento más siniestro? Hasta hoy, la isla—o la idea de ella—continúa alimentando debates, conspiraciones y el deseo de descubrir la verdad sobre este fragmento perdido de la historia.

Quizás el mayor legado de Bermeja no sea su existencia, sino la forma en que nos recuerda que los mapas, al igual que las leyendas, pueden moldear el mundo... incluso cuando conducen a ninguna parte.

LA MALDICIÓN DEL NIÑO LLORÓN: UN RELATO INQUIETANTE

A finales del siglo XX, un peculiar cuadro comenzó a aparecer en hogares de todo el Reino Unido: el retrato de un niño con lágrimas en el rostro. Conocido como *El Niño Llorón*, esta obra se convirtió en un éxito inesperado de ventas. Sin embargo, lo que parecía ser una inocente pieza decorativa pronto adquirió una reputación escalofriante.

Empezaron a circular historias de casas que ardían misteriosamente hasta quedar en cenizas, con una excepción inquietante: el cuadro. Bomberos aseguraban haber encontrado retratos intactos entre los escombros, lo que alimentó los susurros de una maldición. A medida que crecían los relatos, también lo hacía el miedo. ¿Era realmente un objeto maldito o simples co-

incidencias?

Las leyendas urbanas añadieron trasfondos aún más oscuros. Una versión afirmaba que el niño retratado era un huérfano cuya vida trágica impregnó el cuadro de energía dolorosa. Otra decía que el artista había hecho un pacto con el diablo, condenando a todo aquel que colgara el retrato en su hogar.

En 1985, un tabloide británico avivó la histeria con titulares sensacionalistas sobre *La Maldición del Niño Llorón*. Lectores enviaron testimonios de incendios propios, lo que llevó a miles de personas a destruir sus copias en un intento desesperado por librarse del supuesto maleficio.

Los escépticos, por su parte, señalaron explicaciones racionales: los cuadros estaban impresos en materiales resistentes al fuego. Aun así, la leyenda persistió, e incluso se organizaron quemas públicas de los retratos para "proteger" a las comunidades.

Hoy en día, *El Niño Llorón* es considerado un objeto de colección, buscado precisamente por su misteriosa fama. Creas o no en maldiciones, lo cierto es que su legado sigue siendo tan inquietante como el rostro bañado en lágrimas del niño retratado. ¿Te atreverías a colgarlo en tu casa? Quizás quieras tener un extintor cerca… por si acaso.

CABEZAS REDUCIDAS: ¿MISTERIO, MITO O REALIDAD?

En lo profundo de la selva amazónica, una antigua tradición cautivó la imaginación occidental: la creación de cabezas reducidas, conocidas como *tsantsas*. Estas inquietantes reliquias, elaboradas por los pueblos shuar y achuar de Ecuador y Perú, no eran simples trofeos de guerra; representaban poder espiritual y la victoria en combate.

El proceso era tan intrincado como macabro. Tras decapitar al enemigo, los guerreros retiraban la piel del cráneo, que era desechado. Luego, la piel era hervida, encogida y moldeada, utilizando piedras y arena calientes para conservar su apariencia humana. Los labios y los párpados se cosían, con la creencia de que así se atrapaba el alma del derrotado, impidién-

dole vengarse.

Con la llegada de exploradores y comerciantes europeos en el siglo XIX, la *tsantsa* dejó de ser un objeto sagrado y se convirtió en mercancía exótica. Coleccionistas fascinados ofrecían armas, herramientas y dinero a cambio de estas piezas, lo que desató un mercado turbio. No tardaron en aparecer falsificaciones: cabezas fabricadas con piel animal o restos humanos obtenidos de morgues.

A mediados del siglo XX, las leyes internacionales prohibieron el comercio, aunque la fascinación nunca desapareció. Hoy, las auténticas cabezas reducidas se conservan en museos, donde generan debates sobre la ética de exhibir objetos tan cargados de historia y significado.

Para los shuar y achuar, la *tsantsa* jamás fue una simple curiosidad macabra, sino un símbolo de cosmovisión y espiritualidad. En la actualidad, estas comunidades buscan recuperar la narrativa, recordando al mundo que detrás de cada cabeza reducida hay un legado cultural profundamente malinterpretado.

La próxima vez que te encuentres con una *tsantsa*, recuerda: no es solo un objeto extraño, sino un fragmento de historia envuelto en misterio y significado.

EL FANTASMA EN LA MÁQUINA: EL ENIGMA DE ELIZA

A mediados de la década de 1960 apareció una terapeuta inesperada. No era humana, sino un programa informático llamado **ELIZA**, creado por el investigador del MIT Joseph Weizenbaum. Diseñada para simular conversaciones mediante sencillos intercambios de texto, lo que comenzó como un experimento técnico pronto se convirtió en algo inquietantemente profundo.

ELIZA funcionaba imitando a un psicoterapeuta rogeriano, devolviendo las frases del usuario en forma de preguntas. Si alguien escribía: *"Me siento triste"*, ELIZA podía responder: *"¿Por qué te sientes triste?"*. Nada complejo… y, sin embargo, los usuarios terminaban abriéndole su corazón a este confidente digital.

Lo sorprendente

fue que muchos establecieron vínculos emocionales con ELIZA, convencidos de que había algo más que simples respuestas programadas. El propio Weizenbaum se quedó perplejo cuando su secretaria le pidió tiempo a solas con el programa para hablar de sus problemas. Para él, aquello fue una advertencia sobre la tendencia humana a proyectar emociones en las máquinas.

La pregunta entonces se volvió inevitable: ¿era ELIZA solo un truco ingenioso o revelaba algo más profundo sobre la mente humana? Psicólogos y filósofos comenzaron a debatir si podían surgir conexiones significativas entre personas e inteligencia artificial. ¿Era un mero espejo de sus usuarios o un adelanto del futuro de la empatía digital?

Hoy, el legado de ELIZA vive en chatbots, asistentes digitales e incluso aplicaciones de terapia. Aunque estas tecnologías han superado con creces las respuestas simplistas de aquel programa pionero, el fantasma en la máquina persiste, recordándonos nuestra necesidad de conexión, incluso con lo no humano.

En un mundo cada vez más entrelazado con la inteligencia artificial, la historia de ELIZA plantea una pregunta inquietante: ¿cuánta humanidad estamos dispuestos a compartir con las máquinas? Y, lo más importante… ¿cuánto de ella llegarán a comprender?

EL ORO PERDIDO DE VICTORIO PEAK

En 1937, Doc Noss, un aventurero tan encantador como excéntrico, descubrió una cueva en el Victorio Peak, en Nuevo México. Según su relato, en su interior halló un tesoro deslumbrante: miles de lingotes de oro. Un botín que, al valor actual, equivaldría a miles de millones de dólares. Lo que pudo ser un cuento de hadas se transformó pronto en un enigma.

Ansioso por extraer su fortuna, Doc decidió dinamitar la entrada de la cueva para ampliarla. Pero el resultado fue el opuesto: la explosión selló el acceso, sepultando el supuesto tesoro tras toneladas de roca. Durante años intentó recuperarlo sin éxito. Compartió historias sobre el hallazgo, aunque muchos lo tacharon de farsante. En un giro trágico, Doc fue asesinado misteriosamente en 1949, llevándose a la tumba

cualquier secreto sobre la ubicación exacta del oro.

La historia tomó un cariz aún más intrigante cuando, en la década de 1950, el Victorio Peak pasó a formar parte de un campo de pruebas del ejército estadounidense. Circularon rumores de que soldados habían encontrado el oro durante maniobras, pero el gobierno negó tajantemente haber hallado algo.

A lo largo de las décadas, numerosos cazatesoros, incluida Ova, la viuda de Doc, solicitaron permiso para excavar. Pese a sus esfuerzos, nadie pudo demostrar la existencia de aquel botín. ¿Se llevó el ejército el tesoro en secreto? ¿O nunca existió realmente?

Hoy, el Victorio Peak sigue siendo un misterio en medio del desierto. La promesa de una riqueza incalculable, sumada al hermetismo militar, alimenta teorías de conspiración y mantiene vivo el sueño de los cazadores de tesoros. Quizá el oro aún permanezca allí, oculto en las sombras de la historia, esperando a alguien lo bastante audaz—o afortunado—para reclamarlo.

LA SOCIEDAD SECRETA DE BOHEMIAN GROVE

En lo profundo de los bosques de secuoyas de California se celebra uno de los encuentros más exclusivos y enigmáticos del mundo: el Bohemian Grove. Cada verano, este retiro de 1,100 hectáreas se convierte en el refugio de los poderosos y los influyentes: presidentes de EE.UU., líderes empresariales globales y artistas de renombre han formado parte de sus filas.

Fundado en 1872 por un grupo de periodistas de San Francisco, el Bohemian Club nació como un espacio para la camaradería entre mentes creativas. Sin embargo, con el tiempo su membresía cambió, incorporando a magnates y políticos, hasta convertirse en un punto de reunión de la élite mundial.

Lo más extraño es su ceremonia de apertura, llamada *Cremation of Care*. En ella, los miembros, vestidos

con túnicas, se congregan frente a una enorme estatua de búho para "quemar simbólicamente" sus preocupaciones terrenales. Para algunos, se trata de un ritual inocente y teatral; para otros, parece un inquietante acto con tintes ocultistas.

La insistencia en el secreto ha alimentado rumores durante décadas. Hay quienes aseguran que bajo esas secuoyas se han tomado decisiones que cambiaron la historia; otros susurran sobre rituales extraños y conspiraciones políticas. En el año 2000, un periodista logró infiltrarse y filmar la *Cremation of Care*, lo que avivó aún más las teorías de conspiración y la fascinación pública.

¿Qué ocurre realmente en el Bohemian Grove? Los miembros guardan silencio, respaldados por el lema del club: *"Weaving spiders come not here"* ("Aquí no vienen arañas tejedoras"), un recordatorio de que los negocios deben quedarse en la puerta.

Ya sea un simple retiro excéntrico o algo más oscuro, el misterio del Bohemian Grove perdura. Entre las secuoyas milenarias, la élite del mundo encuentra un santuario peculiar, envuelto en secretos que despiertan la curiosidad de todos los que quedan fuera.

LOS COSMONAUTAS PERDIDOS: HÉROES SILENCIOSOS DEL ESPACIO

C uando la Unión Soviética lanzó a Yuri Gagarin al espacio en 1961, se proclamó al mundo que era el primer ser humano en orbitar la Tierra… al menos, según la versión oficial. Sin embargo, durante décadas han circulado rumores sobre los "cosmonautas perdidos": valientes pioneros que habrían viajado al espacio antes de Gagarin y que nunca regresaron.

Según estas teorías, a finales de la década de 1950 la URSS habría realizado misiones secretas, ocultadas al público cuando terminaron en tragedia. Los cosmonautas habrían muerto en la reentrada o en la fría inmensidad del espacio, sus nombres borrados de la historia para proteger el prestigio soviético.

Uno de los testimonios más inquietantes vino de los hermanos Judica-Cordiglia, radioaficionados italianos que en 1960 aseguraron haber interceptado una transmisión escalofriante: la voz de una mujer en ruso que suplicaba, *"Tengo calor... veo una llama..."*. ¿Era el eco real de un cosmonauta condenado, o solo propaganda en plena Guerra Fría?

Los escépticos sostienen que no existe ninguna prueba sólida. Incluso figuras de la NASA, como Chris Kraft, han tachado la hipótesis de inverosímil. Aun así, el secretismo del programa espacial soviético y la feroz competencia de la Carrera Espacial alimentan la duda.

Sea mito o verdad, la leyenda de los cosmonautas perdidos nos recuerda los riesgos extremos que asumieron los primeros exploradores del espacio. Quizá existan héroes olvidados que descansan en silencio eterno, orbitando la Tierra como sombras de una historia que nunca se contó.

LA BESTIA DE GÉVAUDAN: EL REINADO DE UN DEPREDADOR

En las remotas montañas de Francia del siglo XVIII, un terror indescriptible se apoderó de los aldeanos. Entre 1764 y 1767, una criatura conocida como la Bestia de Gévaudan atacó a más de un centenar de personas, causando numerosas muertes y dejando a la población paralizada por el miedo.

Los testigos la describían como un animal parecido a un lobo, pero mucho más grande, con pelaje rojizo, una franja negra a lo largo del lomo y mandíbulas de fuerza descomunal. Juraban que no se trataba de un lobo común, sino de un verdadero monstruo. Los ataques eran espeluznantes: muchas víctimas aparecían decapitadas o parcialmente devoradas.

El pánico llegó hasta la corte del rey Luis XV, quien envió cazadores profesionales para acabar con la amenaza. Sin embargo, la Bestia siguió matando. Un cazador aseguró haber abatido a un enorme lobo, pero las muertes continuaron, lo que alimentó la sospecha de que había más de una criatura acechando en la región.

La historia dio un giro legendario en 1767, cuando un tirador local, Jean Chastel, afirmó haber matado a la Bestia con una bala de plata. Tras este hecho, los ataques cesaron, reforzando la idea de que se trataba de un ser sobrenatural.

¿Era realmente un lobo solitario? ¿Un animal exótico escapado? ¿O quizá una criatura entrenada por humanos en un macabro juego? Teorías modernas hablan de mutaciones, de leones traídos por nobles, e incluso de la complicidad de personas en los ataques.

La Bestia de Gévaudan permanece como un enigma: una mezcla inquietante de hechos históricos y mito popular. ¿Fue un depredador de carne y hueso o el reflejo oscuro del miedo colectivo? Sea cual fuere la verdad, su sombra aún se cierne sobre el paisaje francés.

EL MISTERIO DE KECKSBURG: EL INCIDENTE DE LA ESTRELLA PLATEADA

El 9 de diciembre de 1965, un objeto llameante surcó el cielo nocturno sobre seis estados de EE. UU. y parte de Canadá, observado por cientos de testigos. Lo describieron como una bola de fuego con un resplandor metálico, que terminó estrellándose cerca del pequeño pueblo de Kecksburg, en Pensilvania. Lo que ocurrió después alimentó un enigma que perdura hasta hoy.

Vecinos que llegaron primero al lugar aseguraron haber visto un artefacto con forma de campana, parcialmente enterrado en el bosque y cubierto de extraños símbolos indescifrables, como salido de una película de ciencia ficción. Poco después, el ejército acordonó la zona y, según testigos, retiró el objeto bajo una lona pesada. A muchos residentes se

les ordenó guardar silencio y olvidar lo que habían visto.

La versión oficial llegó más tarde: la NASA afirmó que se trataba de un satélite soviético, el Cosmos 96, que habría reentrado en la atmósfera. Sin embargo, expertos desacreditaron esta explicación, ya que el satélite se había desintegrado horas antes y a cientos de kilómetros del lugar. Otras teorías comenzaron a circular: ¿un meteorito?, ¿un experimento militar secreto?, ¿o acaso una nave extraterrestre?

El misterio creció con el tiempo. En 2009 se informó que los archivos de la NASA relacionados con el caso habían desaparecido, lo que avivó aún más la intriga. Mientras tanto, Kecksburg abrazó su fama de "el Roswell de Pensilvania", celebrando festivales anuales de ovnis e incluso exhibiendo una réplica de la supuesta nave.

A día de hoy, el incidente de Kecksburg sigue siendo un enigma cósmico. ¿Fue un resto soviético, un visitante alienígena o algo que aún no comprendemos? Lo cierto es que aquella noche de invierno dejó a muchos con la mirada fija en el cielo, preguntándose qué cayó realmente de las estrellas.

LA MALDICIÓN DEL BLACK ORLOV: EL DIAMANTE OSCURO

El Black Orlov, un hipnótico diamante de 67,5 quilates con un brillo ahumado y misterioso, arrastra consigo una reputación tan sombría como fascinante. Según la leyenda, la gema fue en su origen el ojo de un ídolo sagrado hindú en India. Un monje lo robó, y aquel acto de profanación habría desatado una maldición que condenó al diamante —y a todo aquel que lo poseyera.

En el siglo XX, la piedra reapareció en Rusia en manos de la princesa Nadia Vyegin-Orlov, cuyo apellido quedó ligado para siempre a la joya. La historia tomó un giro trágico: tanto ella como otra propietaria acabaron quitándose la vida arrojándose al vacío, reforzando la idea de que el diamante estaba marcado por fuerzas oscuras.

Para intentar disipar su supuesta maldición, el Black Orlov fue cortado en tres fragmentos, con la esperanza de dividir también su energía maligna. El mayor de estos fragmentos es el que conocemos hoy: un diamante engastado en un collar de platino rodeado por 108 diamantes más pequeños.

Lejos de quedar en el olvido, la joya adquirió un aura de glamour. Ha pasado por exhibiciones, subastas y hasta por la alfombra roja de los Premios Óscar. Actualmente, se encuentra en manos privadas, muy lejos de su origen sagrado.

¿Tiene realmente un poder maldito o todo es fruto de coincidencias y rumores creados para aumentar su valor? La verdad permanece velada. Pero lo cierto es que el Black Orlov sigue deslumbrando y perturbando a partes iguales, recordándonos que algunos tesoros brillan con un precio demasiado alto.

LA BIBLIOTECA PERDIDA DE NÍNIVE: EL LEGADO DE UN REY

Imagina un tesoro de sabiduría tan vasto que pudiera rivalizar con la famosa Biblioteca de Alejandría. Así era la Biblioteca de Asurbanipal, la grandiosa colección del rey asirio que gobernó desde la capital, Nínive, en el siglo VII a. C. A diferencia de muchos monarcas de su tiempo, Asurbanipal se enorgullecía de saber leer y escribir, y dedicó su reinado a reunir todo el conocimiento posible del mundo antiguo.

En sus estantes de arcilla se guardaban miles de tablillas inscritas con escritura cuneiforme, abarcando temas como astronomía, matemáticas, medicina y mitología. Entre ellas se hallaba incluso la *Epopeya de Gilgamesh*, la obra literaria más antigua que conocemos. La ambición de Asurba-

nipal no era solo preservar el saber, sino también dominar el ámbito intelectual de su época.

Pero en el 612 a. C., cuando Nínive cayó ante los ejércitos invasores, la biblioteca desapareció bajo capas de ruinas y olvido. Durante siglos su existencia quedó en las sombras, hasta que el arqueólogo británico Austen Henry Layard la redescubrió en el siglo XIX al excavar los restos de la antigua Mesopotamia.

Aquí comienza el verdadero misterio: aunque se recuperaron miles de tablillas, gran parte de su contenido sigue siendo desconocido. Muchas permanecen sin descifrar y otras están fragmentadas. Los investigadores aún trabajan en recomponer sus mensajes, revelando poco a poco destellos de la vida y el pensamiento mesopotámico.

Lo que queda de la Biblioteca de Asurbanipal es un recordatorio inquietante de la fragilidad del conocimiento humano. ¿Fue su destrucción inevitable o un aviso del precio que pagan las civilizaciones al descuidar su legado? En las ruinas de Nínive late todavía una advertencia: la sabiduría puede perderse tan rápido como se conquista.

LA HIPÓTESIS DEL TIEMPO FANTASMA: ¿UN VACÍO EN LA HISTORIA?

¿Qué pasaría si no estuviéramos en el año 2025, sino en realidad más cerca de 1728? Así comienza la llamada *Hipótesis del Tiempo Fantasma*, una de las ideas más controvertidas y fascinantes dentro de los estudios históricos. Propuesta en la década de 1990 por el historiador alemán Heribert Illig, sostiene que casi tres siglos de la Alta Edad Media —del 614 al 911 d. C.— habrían sido completamente inventados.

Según Illig, influyentes líderes como el emperador Otón III del Sacro Imperio Romano Germánico, el papa Silvestre II y el emperador bizantino Constantino VII conspiraron para manipular el calendario. ¿El motivo? Ubicar el reinado de Otón en el simbólico año 1000, otorgándole así legitimidad divina e

histórica. De acuerdo con esta teoría, se habrían falsificado documentos, creado eventos ficticios e incluso inventado personajes tan emblemáticos como Carlomagno.

La hipótesis se apoya en indicios curiosos: supuestas inconsistencias en la arquitectura medieval, una aparente escasez de hallazgos arqueológicos del periodo y los "errores" detectados en la reforma del calendario gregoriano de 1582, que —según Illig— no encajaban del todo con los registros astronómicos reales. Para él, esas discrepancias serían prueba de que nuestra cronología está inflada con siglos inexistentes.

La mayoría de los historiadores rechaza tajantemente esta idea, señalando pruebas firmes como registros astronómicos de eclipses, crónicas de culturas contemporáneas y abundante documentación que atraviesa esos siglos. Sin embargo, la hipótesis plantea una inquietante reflexión: ¿qué tan seguros estamos de la línea temporal que damos por sentada?

Aunque la Hipótesis del Tiempo Fantasma no haya cambiado oficialmente la historia, sigue cautivando a quienes disfrutan cuestionar lo establecido. Al fin y al cabo, pocas cosas son tan irresistibles como dudar del tiempo mismo.

EL TESORO DEL MISTERIOSO ROLLO DE COBRE

Imagina tropezar con un mapa del tesoro antiguo, pero en lugar de "X marca el lugar", es un enigmático rollo de cobre inscrito con instrucciones detalladas que conducen a una riqueza inimaginable. Eso fue exactamente lo que los investigadores encontraron en 1952 entre los Manuscritos del Mar Muerto: el enigmático Rollo de Cobre.

A diferencia de sus compañeros de pergamino y papiro, el Rollo de Cobre destaca. Su texto enumera 64 lugares que supuestamente ocultaban vastos tesoros de oro, plata y otras riquezas. Estamos hablando de toneladas de metales preciosos, suficientes para hacer envidiar incluso a los reyes más ricos de la antigüedad.

El rollo, fechado alrededor del siglo I d. C., está escrito en una peculiar mezcla de hebreo y arameo. Los estudiosos creen que fue creado durante el período del Segundo Templo, posiblemente por sacerdotes judíos desesperados por ocultar los tesoros de su templo de los invasores romanos.

Pero aquí está el problema: ninguno de los tesoros mencionados ha sido encontrado. Las instrucciones del rollo son desesperadamente vagas. Frases como "debajo del tercer escalón" o "en la cavidad de la Casa Vieja de Garim" insinúan lugares secretos, pero sin puntos de referencia específicos, los cazadores de tesoros han estado adivinando durante décadas.

Algunos especulan que los tesoros fueron saqueados siglos atrás. Otros sostienen que el rollo pudo haber sido un inventario simbólico, nunca relacionado con riquezas físicas. Y luego está la posibilidad más tentadora: que el tesoro siga oculto, esperando a alguien lo suficientemente astuto —o afortunado— para descubrirlo.

¿Hecho o fantasía? El Rollo de Cobre alimenta hasta hoy los sueños de aventura y riqueza. Tal vez no se trate de encontrar el tesoro, sino de la emoción de la búsqueda misma.

EL MISTERIO DEL MOA: EL GIGANTE PERDIDO DE NUEVA ZELANDA

Imagina avistar a una criatura que estás seguro de que ya no existe. Eso fue precisamente lo que ocurrió en el siglo XX, cuando surgieron rumores sobre la reaparición del moa gigante y no volador, un ave que se creía extinta desde hacía más de 500 años.

El moa, originario de Nueva Zelanda, era un ave colosal. Algunas especies alcanzaban hasta 3,6 metros de altura y pesaban más de 225 kilos. Durante siglos recorrieron bosques y llanuras, sin depredadores naturales… hasta la llegada de los humanos. Los maoríes los cazaron intensamente por su carne y usaron sus enormes huesos y plumas para fabricar herramientas y adornos. Hacia el 1400, los moas fueron declarados extintos.

Pero en 1993, los

rumores de un posible avistamiento de moa sacudieron a la comunidad científica y criptozoológica. Senderistas en los bosques remotos de la Isla Sur afirmaron haber visto un ave grande y emplumada, distinta a cualquier otra. Informes similares habían surgido en los siglos XIX y XX, pero nunca se hallaron pruebas concluyentes.

La posibilidad de que el moa hubiera sobrevivido resulta fascinante, aunque polémica. En teoría, la densa y agreste naturaleza de Nueva Zelanda podría ocultar a una pequeña población de estas elusivas criaturas. Sin embargo, los escépticos argumentan que un ave de ese tamaño necesitaría una gran cantidad de alimento y una población suficiente para evitar la endogamia, lo que haría improbable su supervivencia a largo plazo.

A pesar de numerosas expediciones, nunca se ha encontrado un moa. Lo único que tenemos son relatos intrigantes y fotografías borrosas. ¿Fue un caso de identidad equivocada, un deseo ilusorio o acaso el moa aún merodea en las sombras de los bosques neozelandeses?

Por ahora, el moa sigue siendo una leyenda: un símbolo de la resistencia de la naturaleza y un recordatorio de los misterios que aún se esconden en lo salvaje. Mantén los ojos abiertos en tu próxima caminata… nunca se sabe qué podría cruzarse en tu camino.

LAS HUELLAS DEL DIABLO: UN RASTRO MISTERIOSO

En una gélida noche de febrero de 1855, los habitantes de Devon, Inglaterra, despertaron ante un espectáculo desconcertante. Una sola línea de huellas similares a cascos se extendía por más de 160 kilómetros, serpenteando entre campos nevados, cruzando ríos y trepando muros imposiblemente altos. ¿Lo más extraño? Las marcas parecían hechas por pezuñas partidas, lo que desató de inmediato susurros de un origen sobrenatural.

Los lugareños las bautizaron como "Las Huellas del Diablo". Se rumoreaba que el propio Príncipe de las Tinieblas había dado un paseo a la luz de la luna. Otros sugirieron que podían ser rastros de canguros errantes, aunque nadie supo explicar cómo habrían llegado allí. Incluso se barajó la hipótesis de experimentos militares: ¿quizás un globo aerostático ar-

rastrando algo por debajo?

Las huellas desafiaban toda explicación. Se adentraban en el campo, atravesaban pajares y parecían cruzar directamente objetos sólidos. ¿Se trataba de una broma, de un animal o de algo mucho más siniestro?

Aunque abundan las teorías, la verdad sigue siendo esquiva. Más de 150 años después, las Huellas del Diablo perduran como uno de los misterios sin resolver más desconcertantes de la era victoriana.

LA FORTALEZA OLVIDADA DEL CIELO

En lo profundo del gélido desierto del Ártico se alza un enigma imponente: la fortaleza celeste olvidada de Svalbard. Durante la Guerra Fría, este aislado refugio no era solo un lugar de asombro helado, sino un posible último bastión de la humanidad. Conocido como el Búnker del Juicio Final, es mucho más que un tesoro de semillas.

Excavado en la ladera de una montaña del archipiélago de Svalbard en 2008, este banco mundial de semillas almacena muestras de casi todos los cultivos conocidos

en la Tierra, selladas en permafrost y acero. ¿Su propósito? Garantizar la supervivencia humana frente a un invierno nuclear, un cambio climático catastrófico o cualquier evento apocalíptico.

Pero aquí es donde el misterio se

profundiza: persisten los rumores de un segundo búnker oculto. A diferencia del repositorio de semillas, se dice que este almacén secreto guarda especímenes biológicos—ADN de incontables especies, incluidos los humanos. Las teorías conspirativas giran en torno a su verdadero propósito. Algunos afirman que es un arca para la clonación en caso de extinción, mientras que otros sugieren que es un depósito de armas biológicas militares.

Extraños sucesos alimentan la intriga. En 2017, inusuales temperaturas árticas provocaron una leve inundación en la entrada. ¿Un simple fallo? ¿O algo más siniestro? Visitantes e investigadores aseguran sentir sensaciones inquietantes cerca del búnker, como si el aire mismo vibrara con secretos.

Lo innegable es la enorme importancia de Svalbard. El Búnker del Juicio Final simboliza esperanza, resiliencia y la determinación humana de perdurar. Sin embargo, sus helados pasillos podrían guardar más que semillas—quizás el plano para una segunda oportunidad de existencia.

Entonces, ¿es esta fortaleza del cielo un monumento a la previsión humana o una caja de Pandora esperando ser abierta? El silencio helado mantiene congelados sus secretos—por ahora.

EL VALLE SIN CABEZA: EL MISTERIO EMBRUJADO DE CANADÁ

En lo profundo de los Territorios del Noroeste de Canadá se encuentra el Valle Nahanni, una impresionante extensión de acantilados escarpados, aguas termales y ríos rugientes. Pero bajo su belleza natural acecha un misterio escalofriante: un lugar tan cargado de historias inquietantes y desapariciones inexplicables que los lugareños lo llaman el Valle de los Hombres Sin Cabeza.

La leyenda comienza a principios del siglo XX, cuando los buscadores de oro acudieron en masa al río Nahanni. Entre ellos estaban los hermanos McLeod, quienes desaparecieron sin dejar rastro en 1908. Meses después, sus restos decapitados fueron hallados junto a la orilla del río, alimentando susurros de una venganza maldita. Con el paso de

las décadas, otros corrieron la misma suerte: encontrados sin cabeza y abandonados en la naturaleza.

Las historias de fuerzas sobrenaturales abundan. Las tribus indígenas Dene hablan de los "Naha", un mítico pueblo de guerreros que custodiaba el valle con mortal precisión. Otros afirman que la región está embrujada por espíritus malignos o por hombres de montaña secretos que protegen tesoros ocultos.

Los exploradores modernos se sienten atraídos por la belleza intacta del Nahanni, pero sus peligros son reales. Acantilados afilados, rápidos impredecibles y un clima extremo han cobrado innumerables vidas. Incluso hoy, el valle se resiste a la explicación, envuelto en un aura de misterio y temor.

¿Está maldito el Valle Nahanni, o su naturaleza brutal simplemente resulta implacable para los incautos? Sea cual sea la verdad, el Valle de los Hombres Sin Cabeza guarda celosamente sus secretos—quizás por toda la eternidad.

LAS ESFERAS DE PIEDRA DE COSTA RICA: UN ENIGMA ANCESTRAL

En lo profundo de las selvas de Costa Rica yace un misterio que ha desconcertado a arqueólogos, historiadores y exploradores durante décadas: esferas de piedra perfectamente redondas. Estos peculiares artefactos, conocidos como "Las Bolas", varían en tamaño desde unos pocos centímetros hasta más de dos metros y medio de diámetro, algunas con un peso de varias toneladas. Lo que las hace tan intrigantes es su forma casi perfecta, lograda con una precisión asombrosa.

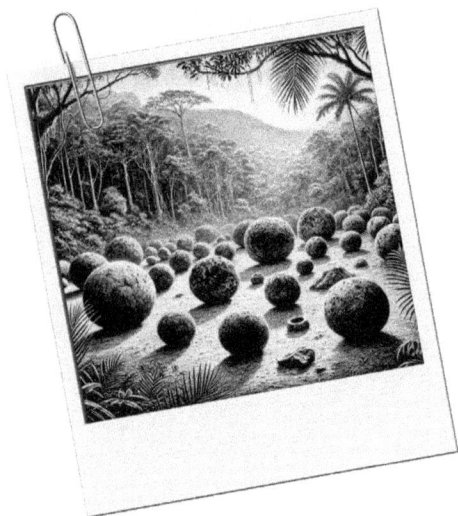

Las esferas fueron documentadas por primera vez en la década de 1930, cuando trabajadores que despejaban plantaciones de banano se toparon con ellas. Hechas de un tipo de roca ígnea llamada granodiorita, estas esferas no son formaciones naturales. Fueron esculpidas con enorme esfuerzo, pero el cómo y el porqué siguen siendo preguntas sin respuesta.

Algunos creen que fueron creadas por los pueblos Diquís, una civilización ancestral que habitó la región antes de la conquista española. Los Diquís no dejaron registros escritos, y las esferas permanecen como su legado enigmático. ¿Eran marcadores de navegación celeste, símbolos de poder o representaciones del cosmos? Nadie lo sabe con certeza.

Con el tiempo surgieron teorías más audaces. Algunos sugieren que fueron hechas con tecnología avanzada perdida en la historia, mientras otros apuntan a la intervención extraterrestre. Para añadir misterio, muchas de las esferas fueron halladas en alineación con fenómenos astronómicos o dispuestas en complejos patrones.

Lamentablemente, muchas han sido movidas o dañadas a lo largo de los años, dificultando aún más descubrir sus secretos. Hoy en día, forman parte del Patrimonio Mundial de la UNESCO, un testimonio de la ingeniosidad y el arte de un pueblo antiguo—y un recordatorio de cuánto nos falta por aprender sobre nuestro pasado.

¿Son símbolos de poder? ¿Mapas cósmicos? ¿O mensajes a las estrellas? Las Esferas de Piedra de Costa Rica nos retan a seguir buscando respuestas.

EL LAGO DESAPARECIDO DE LA PATAGONIA: EL ACTO MÁGICO DE LA NATURALEZA

En el sur de Chile, en la región de la Patagonia y en medio de la prístina naturaleza de los Andes, se encuentra —o más bien, se encontraba— un lago que desconcertó a científicos y exploradores por igual. Conocido como el Lago Cachet II, no era solo un pintoresco lago glaciar; era un verdadero enigma.

En mayo de 2007, tanto lugareños como científicos quedaron atónitos cuando el Lago Cachet II simplemente desapareció de la noche a la mañana. Un día era una vasta extensión de agua, con suficiente volumen como para llenar 4,000 piscinas olímpicas. A la mañana siguiente, no había nada más que un lecho fangoso y desolado. El evento dejó más que tierra seca: dejó un misterio.

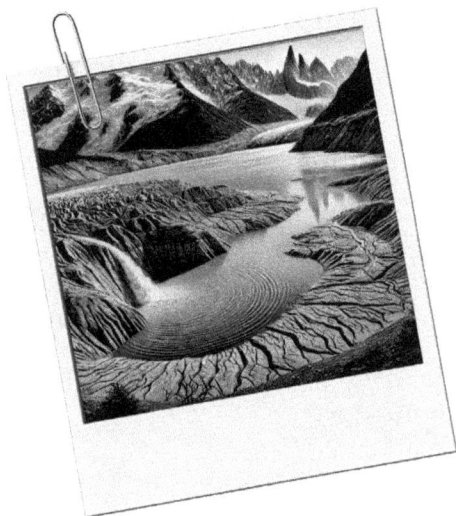

¿Qué pudo hacer

que un lago entero desapareciera tan repentinamente? La respuesta está bajo la superficie—literalmente. Cachet II se asienta sobre una intrincada red de túneles dentro del cercano glaciar Colonia. Bajo las condiciones adecuadas, estos túneles de hielo pueden drenar el lago por completo en un evento dramático conocido como vaciamiento glaciar súbito. En cuestión de horas, el agua de Cachet II se filtró por estos conductos y se precipitó hacia el río Baker, elevando rápidamente sus niveles aguas abajo.

Lo fascinante es que no fue un suceso aislado. Desde entonces, el Lago Cachet II ha desaparecido y reaparecido múltiples veces, dependiendo de los patrones climáticos, el derretimiento del glaciar y los cambios de presión en el hielo circundante. Este fenómeno ha transformado al lago en una especie de ente viviente, creado por la propia naturaleza.

El acto de desaparición del Lago Cachet II es un recordatorio impactante del frágil equilibrio de los ecosistemas de la Tierra. Es una historia del poder y la imprevisibilidad de la naturaleza, que sigue asombrando a científicos y aventureros por igual.

¿Cómo puede algo tan inmenso simplemente dejar de existir—para luego regresar? El lago que desaparece en la Patagonia es un misterio que desafía nuestra comprensión del mundo natural.

LA MALDICIÓN DE PELE: LA IRA DE HAWÁI

La mitología hawaiana está llena de dioses y diosas, pero ninguno tan ardiente como Pele, la diosa de los volcanes y el fuego. Venerada tanto como creadora y destructora, se dice que Pele formó las Islas Hawái con su furia volcánica. Pero esta deidad ígnea no solo es conocida por su obra geológica, sino también por su temida maldición.

La leyenda cuenta que llevarse rocas de lava, arena o cualquier artefacto natural de Hawái como recuerdo trae consecuencias terribles. La maldición de Pele supuestamente provoca desgracias, mala suerte e incluso tragedias a quienes desafían su tierra sagrada. Muchos turistas desestiman la historia como superstición—hasta que las cosas empiezan a salir mal.

Con los años, miles de visitantes arrepentidos han enviado por correo rocas, arena y conchas de regreso a los parques nacionales de Hawái, implorando perdón. Algunas cartas relatan cadenas de accidentes inexplicables, ruina financiera o relaciones destruidas. Mientras los escépticos lo atribuyen a coincidencias, muchos creen que es la ira de Pele castigando a quienes irrespetaron su dominio.

La maldición de Pele se ha vuelto tan conocida que las autoridades de los parques hawaianos lidian rutinariamente con paquetes de "rocas devueltas." Incluso han tenido que establecer procedimientos especiales para catalogar y regresar los artefactos naturales a su lugar de origen.

Aunque no existe prueba científica de la maldición, las historias son lo suficientemente convincentes como para hacer dudar a cualquiera antes de llevarse un trozo de paraíso. Creas o no en la retribución de Pele, hay algo seguro: las Islas Hawái son un lugar sagrado y poderoso, y su belleza natural merece respeto.

Así que, la próxima vez que sientas la tentación de llevarte una roca como recuerdo, recuerda: Pele siempre está mirando, y no perdona fácilmente.

LA BATERÍA DE BAGDAD: EL PODER ANTIGUO REVELADO

Imagina esto: un artefacto parecido a una batería antigua, descubierto en las ruinas de Bagdad, Irak. Apodado la "Batería de Bagdad," este curioso objeto ha generado debates durante décadas. Con más de 2,000 años de antigüedad, consiste en una vasija de barro, un cilindro de cobre y una varilla de hierro. Cuando se llena con un líquido ácido, como vinagre o jugo de limón, el recipiente es capaz de generar una carga eléctrica.

El artefacto se atribuye al Imperio Parto, una civilización que normalmente no se asocia con tecnología avanzada. Esto plantea la pregunta: ¿qué propósito podía tener una batería en la antigüedad? Algunos teorizan que se usaba para el electrodepositado de metales—recubriendo objetos con oro o plata mediante una corriente eléctrica. Otros sugieren

usos ceremoniales o medicinales, tal vez para aplicar descargas a pacientes con fines curativos, una práctica curiosamente parecida a tradiciones médicas posteriores.

Los escépticos argumentan que la Batería de Bagdad podría no ser una batería en absoluto, sino simplemente un recipiente de almacenamiento. Sin embargo, experimentos que han replicado su diseño confirman su potencial como fuente de energía primitiva.

Para aumentar el misterio, no existen registros escritos que expliquen su uso, dejando a los investigadores solo con especulaciones. Si realmente fue una batería, representaría un salto extraordinario en la ingeniería antigua —una tecnología que aparentemente desapareció durante siglos antes de resurgir en tiempos modernos.

La Batería de Bagdad desafía nuestras suposiciones sobre las civilizaciones antiguas y su ingenio. ¿Estuvieron más cerca de descubrir los secretos de la electricidad de lo que imaginamos? ¿O es simplemente un objeto malinterpretado de una cultura olvidada?

Mientras seguimos desenterrando los misterios del pasado, la Batería de Bagdad permanece como testimonio de la curiosidad y la inventiva humanas, demostrando que la historia aún guarda muchas sorpresas.

LAS LÍNEAS DE NAZCA: MISTERIOS EN EL DESIERTO

E sparcidas por las áridas llanuras del sur de Perú se encuentra uno de los mayores enigmas arqueológicos del mundo: las Líneas de Nazca. Estos vastos geoglifos, grabados en el suelo del desierto, han cautivado y desconcertado a científicos y aventureros por más de un siglo.

Desde aves con envergaduras de cientos de pies hasta formas abstractas y figuras humanoides, las Líneas de Nazca son tan enormes que solo pueden apreciarse en su totalidad desde el cielo. Pero aquí está el giro: fueron creadas hace más de 1,500 años, mucho antes de que el vuelo siquiera fuera un concepto. ¿Cómo lograron los nazcas, una civilización antigua, diseñar estas enormes e intrincadas obras de arte con tanta precisión?

Algunos investigadores sugieren que usaron herramientas rudimentarias y geometría simple, pero el propósito de las líneas sigue siendo un misterio. ¿Eran caminos ceremoniales? ¿Marcadores astronómicos? ¿Mensajes para sus dioses? O tal vez, como afirman los teóricos más imaginativos, ¿eran pistas de aterrizaje para visitantes extraterrestres?

Lo que hace aún más extraordinarias a estas figuras es su conservación. A pesar de siglos de exposición a duras condiciones desérticas, la falta de viento y lluvia en la región las ha mantenido prácticamente intactas, como si la misma tierra conspirara para preservar sus secretos.

En los últimos años, drones y tecnología satelital han revelado aún más líneas, incluyendo nuevos diseños de serpientes y gatos, demostrando que todavía queda mucho por descubrir. Y sin embargo, a pesar de todos nuestros avances, las Líneas de Nazca siguen siendo un enigma fascinante—una mezcla de ingenio humano y misterio ancestral que continúa despertando asombro generación tras generación.

LAS PIEDRAS LLORONAS DEL RÍO HIRVIENTE

E n lo profundo de la Amazonía peruana fluye un río tan surrealista que parece un mito: el Shanay-Timp-ishka, conocido como el Río Hirviente. A lo largo de casi seis kilómetros, sus aguas alcanzan temperaturas de hasta 93 °C—lo suficientemente calientes para escaldar la piel y reclamar la vida de criaturas desprevenidas que caen en él.

Su nombre se traduce como "hervido por el calor del sol", pero la verdad es mucho más enigmática. Los científ-icos creían que fenómenos geotérmicos así solo ocurrían cerca de volcanes, sin embargo, el Río Hirvi-ente está a cientos de kilómetros del más cercano. Su origen permaneció como un misterio hasta que los investigadores des-cubrieron fallas sub-terráneas profundas que canalizan agua abrasadora hacia la

superficie—una maravilla geológica oculta a simple vista.

Pero la ciencia solo cuenta parte de la historia. Para el pueblo Asháninka, el río tiene un significado sagrado. Sus leyendas hablan de curanderos espirituales y de las piedras del río que lloran—rocas que, al hervir, emiten lamentos extraños. Estos llantos, según el mito, son advertencias de la Tierra para que respetemos su poder.

El Río Hirviente no es solo una curiosidad natural; es un ecosistema frágil. Pequeñas criaturas se han adaptado para sobrevivir en estas aguas extremas, mientras que la selva circundante enmarca uno de los prodigios más raros del planeta.

Pararse en sus orillas es presenciar una contradicción viviente: un río que fluye con un calor mortal, pero que sostiene un delicado equilibrio de vida, leyenda y misterio. El Río Hirviente sigue siendo un recordatorio del poder indomable y de los secretos inquietantemente hermosos de la Tierra.

LA MALDICIÓN DEL GATO LLORÓN: EL LEGADO FUNESTO DE UNA ESTATUA

En un tranquilo pueblo japonés se alza una modesta estatua de piedra con forma de gato, su superficie desgastada y su expresión extrañamente afligida. Conocida localmente como **Neko Namida**—el Gato Llorón—esta estatua está envuelta en una inquietante leyenda: quien se atreva a moverla o faltarle el respeto atrae la desgracia.

La historia comienza hace siglos, cuando, según se cuenta, la estatua fue tallada por un artesano afligido cuyo querido gato lo salvó de un incendio, pereciendo en el acto. Para honrar su memoria, el hombre esculpió la figura, que misteriosamente lloró al ser terminada. Los aldeanos pronto notaron que cualquiera que intentaba trasladarla sufría una racha de infortu-

nios—cosechas arruinadas, incendios repentinos e incluso enfermedades inexplicables. Con el tiempo, los habitantes construyeron un santuario a su alrededor, dejando ofrendas para apaciguar su espíritu.

A pesar de las advertencias, hubo escépticos. En 1963, un acaudalado terrateniente desestimó la leyenda como simple superstición y ordenó retirar la estatua para ampliar su propiedad. En pocas semanas, su fortuna se desplomó con negocios fallidos, y un deslizamiento de tierra destruyó su hogar. La estatua fue hallada intacta entre los escombros y devuelta a su sitio original por unos aldeanos aterrados.

Incluso en tiempos modernos, la maldición del Gato Llorón persiste. En 2010, un turista se burló de la figura, tomándose una foto mientras fingía llorar. Días después, su cámara se rompió de manera inexplicable y escapó por poco de un accidente grave. Las autoridades locales ahora advierten a los visitantes que traten la estatua con respeto, señalando tanto su valor cultural como la inquietante cadena de sucesos asociados.

El Gato Llorón sigue siendo una enigmática curiosidad—¿un guardián silencioso, un presagio de desgracias o simplemente una reliquia con una historia extraordinaria que contar? ¿Te atreverías a visitarlo?

LA ISLA FANTASMA DE SANDY: UN MISTERIO

D urante siglos, marineros y exploradores contaron historias sobre una enigmática isla llamada Sandy. Aparecía en mapas y cartas náuticas entre Australia y Nueva Caledonia, un diminuto punto en el océano Pacífico, registrada por primera vez por el capitán James Cook en el siglo XVIII. Con el tiempo, la isla se convirtió en un elemento fijo del conocimiento cartográfico, incluida en atlas y mapas oficiales. Pero aquí está el giro: la Isla Sandy nunca existió.

En 2012, un equipo de científicos australianos a bordo

del buque de investigación **RV Southern Surveyor** emprendió una expedición hacia esa esquiva tierra. Guiados por mapas y GPS, llegaron a las coordenadas exactas donde supuestamente debía estar la isla. En lugar de playas arenosas o terreno rocoso, encontraron solo océano abierto, con una profundidad de 1,400 metros.

Los científicos quedaron perplejos. ¿Cómo pudo una isla persistir en los mapas por más de 200 años sin haber existido jamás? Rápidamente surgieron teorías. Algunos sugirieron que se trataba de un simple error cartográfico, repetido durante siglos a medida que los mapas se copiaban y volvían a copiar. Otros especularon que pudo haber sido una balsa transitoria de piedra pómez formada por actividad volcánica, dispersada después por las corrientes marinas.

Tras la expedición de 2012, Sandy fue borrada oficialmente de los mapas y bases de datos modernos. Sin embargo, el misterio persiste. ¿Por qué se creyó tan firmemente en la isla desde el principio? ¿Y cómo pudo permanecer incuestionada durante tanto tiempo?

La historia de la Isla Sandy nos recuerda que, incluso en la era de satélites y GPS, la inmensidad de nuestro planeta aún deja espacio para ilusiones, mitos y misterios. Es un testimonio del poder del relato humano—y una suave invitación a seguir cuestionando los mapas que seguimos.

LA DESAPARICIÓN DE AMELIA EARHART EN LA AVIACIÓN

Amelia Earhart, pionera de la aviación y símbolo de ambición intrépida, desapareció sin dejar rastro el 2 de julio de 1937, durante su intento de circunnavegar el globo. Su avión se desvaneció sobre el océano Pacífico, cerca de la isla Howland, dejando al mundo preguntándose: ¿qué sucedió con Amelia Earhart?

Su aeronave, un Lockheed Electra pilotado junto a su navegante Fred Noonan, fue escuchada por última vez cuando transmitió una llamada de auxilio, informando que tenía poco combustible y no podía localizar la diminuta isla que buscaba. A pesar de un esfuerzo de búsqueda sin precedentes por parte de la Marina de los Estados Unidos —con barcos, aviones e incluso isleños locales— no se halló ninguna evidencia concluyente sobre su destino.

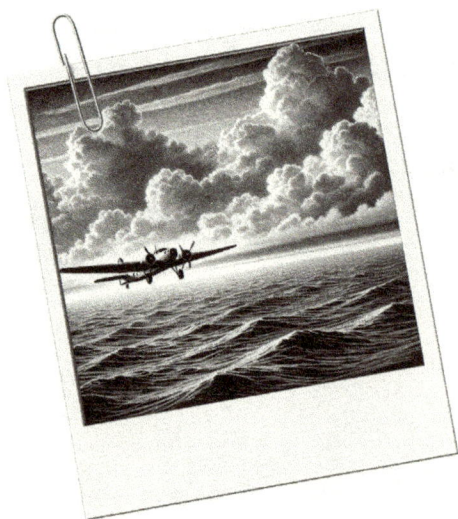

Las teorías abundan. Algunos creen que el avión de Earhart cayó al mar y se hundió, con sus restos aún descansando en el lecho oceánico. Otros sugieren que pudo haber aterrizado en una isla deshabitada, como Nikumaroro, donde se han encontrado artefactos como un posible fragmento de su avión y un zapato de mujer.

Las hipótesis más sensacionalistas proponen que fue capturada por los japoneses y retenida como espía en los años previos a la Segunda Guerra Mundial. Incluso hay quienes aseguran que regresó a Estados Unidos bajo una identidad falsa.

La historia de Amelia Earhart sigue siendo uno de los misterios más cautivadores de la aviación, despertando una fascinación y un debate interminables. Expediciones modernas continúan rastreando el Pacífico con tecnología avanzada, pero su destino final aún nos elude.

Su desaparición no es solo un enigma: es una historia de la curiosidad humana y de la búsqueda incansable de respuestas. Ya sea que su descanso eterno se encuentre en el fondo del mar o en una tumba anónima, el legado de Earhart como pionera de la aviación y como ícono de valentía perdura y sigue volando alto.

EL MISTERIO DE LA LLAMA ETERNA EN CHESTNUT RIDGE

En lo profundo de los bosques de Chestnut Ridge, en Pensilvania, un prodigio natural desafía la lógica y despierta la intriga. Conocida como la Llama Eterna, este pequeño fuego parpadeante arde intensamente dentro de una gruta rocosa. ¿Qué la hace extraordinaria? Está alimentada por una filtración continua de gas natural que emerge de las grietas en la roca—un fenómeno que la ciencia aún lucha por explicar por completo.

La Llama Eterna, ubicada en medio de una apacible cascada, no es la única emanación de gas natural en el mundo. Sin embargo, su naturaleza perpetua es única. Mientras que otras llamas se extinguen sin intervención humana, este faro ígneo parece arder sin fin, como una antorcha entregada por la misma naturaleza.

Existen numerosas leyendas sobre sus orígenes. Algunos dicen que los nativos americanos encendieron la llama hace siglos, creyéndola un portal al mundo espiritual. Otros afirman que es un regalo de los dioses, una señal divina de la energía viva de la tierra. Los científicos, en cambio, ofrecen una explicación más terrenal: la lutita rica en metano bajo la superficie libera gas a través de fisuras, proporcionando un suministro constante de combustible. Pero aquí está el enigma: la mayoría de las filtraciones de metano no logran mantener llamas de este nivel debido a la presión insuficiente del gas.

La Llama Eterna sigue siendo un rompecabezas geológico, un delicado equilibrio entre el flujo de gas natural, los niveles perfectos de oxígeno y una chispa misteriosa. Los visitantes que hacen la caminata para verla suelen quedar maravillados por su aura de otro mundo, un símbolo resplandeciente de los secretos ocultos de la tierra.

Ya sea una curiosidad científica o un fenómeno místico, la Llama Eterna continúa ardiendo, cautivando las mentes e imaginaciones de quienes se aventuran a contemplarla.

LA LEYENDA DEL HOMBRE QUE VIVIÓ EN UNA BIBLIOTECA

En lo profundo de Lisboa, Portugal, un hombre llamado Fernando Pessoa vivió una vida tan entrelazada con los libros que se convirtió en materia de leyenda. Conocido como uno de los más grandes poetas modernistas, el verdadero genio de Pessoa residía en el mundo que construyó—no a través de la ficción, sino mediante una asombrosa capacidad de encarnar personalidades completas, cada una con su propio estilo literario, filosofía e historia de vida.

Pessoa no solo escribía bajo seudónimos; creaba "heterónimos." Eran personajes completamente desarrollados, con identidades distintas, profesiones e incluso cartas astrológicas. Estaba Alberto Caeiro, un poeta pastoral amante de la simplicidad; Ricardo Reis, un médico estoico con talento para las odas; y Álvaro de Campos, un futurista extravagante inspirado en Whitman.

Pero aquí está lo sorprendente: Pessoa afirmaba que no estaba creando estas personalidades, sino "descubriéndolas," como si canalizara voces de otra dimensión. A menudo escribía como si estos heterónimos fueran personas reales que vivían en su mente, conversando y discutiendo con él. Su "familia" literaria era tan extensa que los académicos aún no han logrado catalogar todas sus obras.

El apartamento de Pessoa, repleto de libros y manuscritos, era un verdadero laberinto de creatividad. Tras su muerte en 1935, se encontró en su habitación un baúl de madera atiborrado con más de 25,000 escritos inéditos—un tesoro de poesía, ensayos y vívidas entradas de diario.

Hoy, el legado de Pessoa no es solo su obra, sino la misteriosa forma en que vivió. ¿Fue un genio literario, un hombre con identidades disociativas o algo más? Nadie lo sabe con certeza, pero su mundo—un mundo de palabras dentro de palabras—sigue siendo un enigma literario, invitando eternamente a los lectores a perderse en su laberinto.

CONCLUSIÓN

Felicidades! Has recorrido *100 Historias Asombrosas* y explorado lo extraño, lo sorprendente y lo absolutamente increíble. Desde misterios curiosos hasta historias olvidadas, esta colección ha demostrado lo fascinante e impredecible que puede ser nuestro mundo.

Pero aquí está lo interesante acerca de la curiosidad: es una aventura que nunca termina. Por cada historia que has leído, hay incontables más esperando ser descubiertas. Tal vez este libro haya encendido tu imaginación o te haya inspirado a profundizar en un tema que llamó tu atención. O quizá simplemente te haya recordado la alegría de aprender algo nuevo, sin importar lo inesperado que sea.

La verdad es que el mundo está lleno de relatos asombrosos, y no todos requieren una máquina del tiempo o un mapa antiguo para ser descubiertos. A veces, todo lo que se necesita es una mente abierta y la disposición de preguntar: "¿Y si...?"

Así que, al cerrar este libro, no lo pienses como un final. Piénsalo como un punto de partida: una colección de migas de pan que conducen a más historias, maravillas y misterios que esperan a alguien tan curioso como tú para encontrarlos.

Hasta la próxima, mantente curioso, mantente aventurero y recuerda: las mejores historias son las que compartes.

AGRADECIMIENTOS

Crear *100 Historias Asombrosas* ha sido un torbellino de curiosidad, cafeína y momentos de asombro. Aunque mi nombre aparezca en la portada, este libro no existiría sin la inspiración, el apoyo y las contribuciones de tantas personas increíbles.

Primero, un agradecimiento de corazón a cada amante de la historia, narrador y entusiasta de la trivia que alguna vez compartió un relato increíble. Su pasión por lo extraordinario es contagiosa, y este libro es un testimonio de las maravillas que han descubierto.

A mi familia y amigos, que escucharon pacientemente mi entusiasmo sobre emús, barcos fantasmas y misterios antiguos: se merecen una medalla. Su apoyo (y su disposición a asentir con la cabeza) me mantuvieron motivado en cada paso del camino.

Un enorme reconocimiento a mis lectores: ustedes son las verdaderas estrellas de este viaje. Ya sea que estén aquí para reír, sorprenderse o tener un dato asombroso que contar en su próxima cena, este libro es para ustedes. Su curiosidad es lo que hace que contar historias sea tan gratificante.

Y finalmente, al propio universo: gracias por ser tan

maravillosamente extraño. Nos has dado un mundo lleno de historias asombrosas, y estoy agradecido cada día por la oportunidad de compartir aunque sea unas pocas de ellas.

Brindemos por la curiosidad, la maravilla y todas las historias increíbles que aún esperan ser contadas.

SOBRE EL AUTOR

Felix Grayson es el creador de la serie **100 Historias Asombrosas**, una colección en constante crecimiento de libros y audiolibros repletos de las historias más increíbles, los hechos más curiosos y los momentos más fascinantes del mundo. Desde civilizaciones antiguas y rarezas científicas hasta hazañas deportivas legendarias y misterios reales, Felix reúne relatos que te hacen decir: "¿En serio… eso realmente pasó?"

Impulsado por una curiosidad implacable y un profundo amor por la narración, Felix ha dedicado su trabajo a explorar lo extraño, lo sorprendente y lo absolutamente inolvidable. Cada título es un viaje cuidadosamente seleccionado a través de la historia, la ciencia, la cultura pop y más allá, diseñado para asombrar, entretener y despertar la maravilla en las mentes curiosas de todas las edades.

Con un estilo que combina claridad, energía y un toque de humor, Felix convierte la trivia en aventuras memorables y los hechos en relatos irresistibles. ¿Su meta?

Hacer que aprender vuelva a ser divertido… y recordarnos que la verdad suele ser más extraña (y más genial) que la ficción.

Cuando no está investigando historias reales y asombrosas o planificando nuevos títulos, Felix disfruta leyendo novelas antiguas, explorando museos poco convencionales y tomando café mientras reflexiona sobre lo inexplicable.